법륜·열셋

우리는 어떤 과정을 통하여 다시 태어나는가

- 재생에 대한 아비담마적 해석 -

구나라뜨나 지음 | 유창모 옮김

고요한소리

Rebirth Explained

V. F. GUNARATNA

First Edition 1971
Second Impression 1980

The Wheel Publication No. 167/168/169
Buddhist Publication Society
Kandy, Sri Lanka

일러두기

* 이 책에 나오는 경經의 출전은 영국 빠알리성전협회PTS에서 간행한 로마자 본 빠알리 경임.
* 로마자 빠알리어와 영문 책 제목은 이탤릭체로 표기함.
* 본문의 주는 모두 역주譯註임.

차 례

머리말

불교의 재생론[1]은 힌두교의 재육화再肉化[2] 전생관과 구별되어야 한다. 짧지만 심오한 이 논문을 쓴 V. F. 구나라뜨나 씨는 평소 이 주제를 즐겨 다루어 온 분으로 학식이 풍부한 저술가이다. 이론과 실천을 겸비한 불자인 저자는 굳은 확신을 가지고 이 중요한 주제에 관해 글을 쓰고 강연을 해왔다.

---

1 재생은 영어 'rebirth'의 역어이다. 영어권에서는 rebirth가 빠알리어의 *jāti*生의 역어로 자리 잡고 있고, 또 남방전통에서는 12연기의 생生은 재생으로 확고하게 이해하기 때문에 별 무리가 없다. 그러나 이 rebirth를 우리말로 재생 또는 '다시 태어남'이리 옮길 경우에는 다소 문제가 따른다. 불교 이외의 종교나 사상에서 이해하는 관념과는 다른 불교의 특색을 나타내기에 미흡하기 때문이다. 그래서 문맥에 따라 윤회, 윤회생사 또는 재생 등으로 옮겼다.

2 재육화: 원어는 reincarnation. 영혼전생 또는 화현전생化現轉生으로 풀 수 있겠다.

그는 이 짧은 글에서 재생에 관한 모든 복잡 미묘한 문제점들을 매우 분명하게 설명해 주고 있다. 이 책에서 저자는 모든 어려운 문제들을 불교 관점에서 풀고 있으며, 그 밖의 관련된 많은 질문들에 대해서도 만족스러운 해답을 주고 있다.

1970년 4월 29일 콜롬보 와지라라마에서

나아라다*Nārada* 합장

1장
변화의 법칙

들어가는 말

이 책의 목적은 윤회를 증명하는 데 있지 않고, 윤회론에 대한 불교의 관점을 이해하고 다시 태어나는 현상이 어떻게 이루어지는지를 아는 데 도움이 될 만한 몇 가지 사실과 불교적 논리 체계를 소개하려는 데 있다. 라다크리슈난[3]은 "생명과 움직임으로 가득 찬 이 거대한 세계는 항상 생성하고 변화하지만 그 중심에는 한 가지 법칙이 있다."고 말했다. 이 중심 법칙이 바로 법*Dhamma*이다. 불교도들의 입장에서 볼 때 이 법은 우주의 근본 법칙으로

---

3 라다크리슈난Sarvepalli Radhakrishnan: 1888~1975. 인도의 철학자. 정치가. 보리수잎·여덟 《불교 이해의 정正과 사邪》, 〈고요한소리〉 주 11 참조.

서 다양한 방식으로 스스로 드러나는데, 이 법의 작용으로 재생 현상이 일어난다. 그러므로 이들 몇몇 법칙에 대한 검토로 이야기를 시작하는 것이 적절하다고 생각된다.

그런데 이들을 법칙이라 부른다 해서 어떤 통치기구가 반포했거나 사람이 제정한 규칙을 의미하는 것으로 받아들여서는 안 될 것이다. 이들은 사람이나 물질의 경우뿐만 아니라 이 세상에서 벌어지는 사건이나 사물에도 똑같이 작용하는 일정한 작용 방식을 가리킨다는 의미에서 자연법칙 혹은 원칙이라 하는 것이다. 부처님은 이들 법칙을 만드신 것이 아니라 다만 찾아내어 세상에 선포하셨을 뿐이다.

변화의 법칙

윤회생사를 이해하기 위해 검토해야 할 첫 번째 근본 법칙 혹은 원칙은 변화의 법칙Law of Change, *anicca*이다.

그것은 이 세상 어떤 것도 영원하지 않고 정태적靜態的이 아니라고 가정한다. 달리 말하면 모든 것은 변화하게 되어 있다는 것이다. 나무와 곤충, 꽃과 열매, 상품이나 기타 소유물, 건물과 땅, 사람과 동물-간단히 말해서 상상할 수 있는 것은 무엇이나 예외 없이 이 보편적인 변화의 법칙에 부단히 지배받는다는 뜻이다. 어떤 경우에는 이 변화가 눈에 보이게 그리고 단기간 내에 일어난다. 하지만 어떤 경우에는 아주 느리게 서서히 일어나 변화의 과정이 전혀 눈에 띄지 않는다. 후자의 경우에는 강과 산뿐만 아니라, 과학의 주장대로 그 변화 과정이 수백수천만 년도 걸린다는 해와 달 그리고 별까지 포함된다. 참으로 우주의 다양한 운행은 그 전체가 하나의 끊이지 않는 변화이다.

그러면 이 변화란 무엇인가? 변화의 모습은 실로 다양하고 드러나는 방식도 다양하기 그지없다. 성장과 쇠퇴, 상승과 몰락, 증가와 감소, 엉겨듦과 흩어짐, 확장과 수축, 단일화와 다양화, 제한과 확대, 진보와 퇴보 등은 변화의 일반적 양상들이다. 변화의 모습이 어떤 갈래로 오든 간에,

하나의 조건이나 상태에서 다른 조건이나 상태로 바뀌는 것이 모든 변화의 본질이다. 이 변화는 모든 사물의 어김없는 특성이다. 변화는 세상을 지배한다. 그 어디에도 영속성과 영구불변은 없다. 시간이 모든 것을 그대로 놔두지 않는다. 시간은 우리도 그대로 두지 않는다. 우리가 원하든 원치 않든 간에! 우리는 변화하는 세계 속에 살면서 그 변화의 와중에 우리 자신도 내내 변화한다. 이것이 바로 저 엄정한 법칙, "삽베 상카아라 아닛짜*sabbe saṅkhārā aniccā*-형성된 모든 것은 무상하다[諸行無常]."는 법칙이다.

이 변화의 법칙의 중요한 특징은 모든 것이 변하게 마련이면서도, 그 무엇도 결코 없어지거나 소멸되지 않는다는 점이다. 오직 그 형태만이 달라질 뿐이다. 그래서 고체는 액체가 될 수 있고 액체는 기체로 변할 수 있지만, 그 가운데 어떤 것도 완전히 없어지는 법은 없다. 물질은 에너지의 한 표현이며, 따라서 에너지 보존의 법칙이라는 과학 원리에 의하면 그것은 없어지거나 소멸될 수 없다.[4·5] 생리학을 배운 사람이라면 인간의 몸이 잠시도 쉴 새 없이 변화를 겪는다는 것을 알 것이다. 그리하여 인체의 모든 부분-피부, 뼈, 머리, 손톱은 7년마다 한 번씩 완전히 새로 바뀌게 된다.

심지어 죽음에 이르러서도 신체는 어느 한 군데도 소멸되지 않는다. 역시 그 모습만이 바뀔 뿐이다. 생명이 없어진 신체의 각 부분들은 해당 부위의 성질에 따라 액체나 기체, 광물이나 염분 등으로 변화된다. 생리학은 인간의 육체가 7년마다 한 번씩 바뀐다고 말한다. 부처님께서는 한 걸음 더 나아가, 인간의 몸은 살아있는 동안 보이지 않

---

4 아인슈타인의 특수상대성 이론에 의하면, 시간과 공간은 분리되어 있지 않으며, 또한 질량과 에너지는 동일한 것의 서로 다른 형태이다. 질량은 에너지로 변환되고 에너지는 어딘가에 남아 있게 된다. 질량과 에너지의 관계를 표현하는 공식 $E=mc^2$은 인류에게 원자력 시대를 열어 주었다.

5 현대 물리학에 의하면 진공에는 아무것도 없으면서도 무엇인가로 차 있다. 물질이 전혀 없는 일정한 공간을 선정하고, 그 안에서 빛, 전자파 등의 기초양자를 제거한다. 그러면 그 공간은 전자기 진공이 된다. 그러나 전기 역학에서 나온 결과를 그대로 적용해 보면, 이 진공이 가진 에너지 밀도는 무한하다. 즉 진공은 무無이면서도 무언가로 가득 차 있는 것이다. 이 현대 물리학의 개념은 진공은 공허하여 형체가 없으나 만물을 산출할 수 있다는 동양사상과 일맥상통한다.

는 변화를 끊임없이 겪는다고 가르치셨다. 이 같은 미묘한 변화과정을 불교심리학에서는 찰나적인 죽음[刹那滅]이라 부른다. 여기서 우리 한번 생각을 가다듬어 보자. 어린애가 젊은이로 변하고, 또 젊은이가 노인으로 변한다는 것은 미상불 경이로운 일이 아닐 수 없다. 그 젊은이는 어릴 적 그와는 너무도 다르지 않은가. 그런데도 젊은이가 어린 시절을 기억해 낼 수 있다니. 마찬가지로 노인은 젊은 시절을 기억해 낸다. 따라서 우리가 한 개인의 동일성 운운하는 얘기는 결국 끊임없는 변화 과정의 연속성을 두고 하는 말이 될 것이다.(다시 말해 우리는 그 어린이와 청년과 노인을 동일인으로 간주하게 되는데, 이 말은 달리 표현하면 한 생은 끊임없는 변화 과정이면서도 그 가운데 어떤 지속적 연속성이 견지되고 있다는 얘기가 된다)

여기서 우리는 변화의 법칙이 갖는 또 하나의 중요한 특성을 생각하게 된다. 즉 한 조건 혹은 상태와 그 다음 나타난 조건·상태 사이를 가르는 분명한 경계선이 없다는 것이다. 이들 조건이나 상태는 각각 물샐틈없이 밀폐

된 칸막이 안에 있는 것이 아니다. 하나의 조건·상태는 다음 조건·상태로 융화融化되어 들어간다. 넘실대며 출렁이는 대양의 파도를 생각해보자. 솟아오른 파도는 저마다 다른 파도를 이루며 가라앉고, 그 다른 파도는 또 다른 파도를 일으키며 솟구쳤다 가라앉곤 한다. 누군가가 손가락으로 파도의 어느 한 점, 어느 위치를 가리키며 그곳에서 하나의 파도가 끝나고 다른 파도가 시작되었다고 말할 수 있는가? 파도는 번번이 다음 파도 속으로 합쳐 들어간다.

---

6 리스 데이비스T. W. Rhys Davids: 1843~1922. 영국의 언어학자. 빠알리성전협회Pāli Text Society를 창설, 초대회장 역임. 법륜·하나 《부처님, 그 분》, 〈고요한소리〉 역주 3 참조.

7 우리가 물질이라고 부르는 것은 원자와 전자로 구성되어 있는데, 이 원자는 소립자로 구성되어 있다. 실제로 소립자는 끊임없이 운동하며 나타났다가 사라진다. 에너지의 끊임없는 요동에 의해 물질은 에너지로 변했다가 물질로 되었다가 한다. 양자장론에 의하면, 전자와 같은 물질적 입자는 단지 한 영역에 집중되어 있는 전자장(장場은 파동과 같다)에 불과하고, 뚜렷하게 안팎의 경계를 구별지울 수 없다. 전자를 구성하고 있는 단단한 개체 같은 것은 없는 것이고 허공에 널리 퍼져있는 장만이 유일한 실체인 것이다. 이 현대물리학에서의 실체에 대한 개념은 물질적 실체는 망상妄想이라는 불교의 가르침과 상당히 일치한다. 불교에서는 이를 의식에까지 적용하여, 의식도 끊임없이 나타났다 사라지는 역동적이고 순간적인 것이라고 가르치며 따라서 변치 않는 자아란 개념도 망상에서 나온 것이라고 가르친다.

하나의 파도와 다음 파도 사이에는 경계선이 없다. 이 세상에 변화하는 모든 조건들도 그와 같다. 리스 데이비스 Rhys Davids[6] 교수가 미국의 어느 강연에서 말했듯이, "어떤 경우에나 시작이 있자마자 바로 그 순간 끝남도 시작된다." 따라서 이 변화는 하나의 지속적인 과정이고, 하나의 변천이며 흐름이다. 이는 현대의 과학적 사고와 완전히 일치하는 개념이다.[7] 그와 같은 개념은 다시 다음 장에서 검토할 다른 두 가지 근본 법칙으로 우리를 인도한다.

2장
생성의 법칙과 연속성의 법칙

윤회생사를 이해하기 위해 검토해야 할 또 다른 기본 법칙 혹은 원칙은 생성과 연속성의 법칙이다. 우리는 방금 변화의 법칙이 모든 사물 속에서 전개되는 변화의 과정을 가리킨다는 것을 생각해 보았다. 변화의 과정이란 모든 것이 자신과는 다른 어떤 무엇으로 (생성)되고 있는 과정을 말한다. 간단히 말하면 이것은 생성[有 *bhava*]의 법칙이다. 변화의 법칙은 어떤 것도 영원하지 않고 항상 바뀌고 있다는 것이지만, 생성의 법칙은 모든 것이 매순간 다른 것으로 되어가는 과정에 있음을 뜻한다. 그러므로 변화의 법칙에는 결과적으로 생성의 법칙이 따른다.

식물의 씨앗은 순간순간 묘목이 되는 과정에 있으며, 묘목은 매 순간 나무로 커 가는 과정에 있다. 꽃봉오리는 내내 꽃으로 피어나는 과정 중에 있으며, 아기는 쉬지 않고 젊은이로 자라는 과정에, 젊은이는 또 노인이 되는 과정 중에 있다. 어떤 시점에서 끊어보더라도 그 자신 외의 다른 무엇으로 되어가고 있는 과정에 있지 않는 존재는 아무것도 없다. 끊임없는 생성은 모든 사물의 특징이다. 그것은 항상 모든 변화의 기초가 되는 특성이다. 모든 것은 다른 무엇으로 되어가는 과정에 있기에 어떤 의미에서는 생성만이 이 세상에서 일어나고 있는 유일한 진행과정이라 하겠다. 정지해 있는 것은 아무것도 없다. 모든 것은 역동적이다. 따라서 생성의 법칙은 다른 말로 이렇게 표현될 수 있다. '존재하고 있는 것은 없고, 되어가고 있을[有] 뿐이다'라고. 혹자는 이렇게 물을지도 모른다. "씨앗이 땅에 심어지지 않았거나 묘목이 뿌리째 뽑혔다고 가정합시다. 그래도 당신은 씨앗이 묘목이 되고 묘목이 나무가 되는 과정에 있다고 주장할 수 있습니까?" 물론 그렇지는 않다. 하지만 변화의 과정이 끝난 것은 아니다. 변화는 계속 중이다. 방향을 달리 하여-부패와 분해 쪽으로 말이다. 씨앗이나 묘목은 서서히 변질되고 썩어 구성 요소로

와해되고 있다. 따라서 어디까지나 그들 또한 소멸되거나 없어지는 것이 아니다. 그들은 계속해서 존재한다. 이와 같은 사실은 또 다른 법칙인 연속성이라는 개념을 생각하게 한다.

연속성의 법칙

생성의 법칙에 의존하여 연속성의 법칙이 있다. 생성은 연속성으로 통하고 따라서 생성의 법칙에는 결과적으로 연속성의 법칙이 따른다. 앞에서 변화의 법칙은 사물을 바꾸어 놓을 뿐 소멸시키지는 않으며, 고체는 액체로, 액체는 기체로 바뀔 수 있어도 그 무엇도 완전히 없어질 수 없다는 것을 지적하였다. 형태는 바뀔지라도 특정 에너지들(사물은 그 에너지들의 표현이다)은 존속된다. 이러한 관점에서 볼 때 연속성 또한 모든 사물의 어김없는 특성이다. 하나의 조건·상태와 그 다음 조건·상태를 구별짓는 뚜렷한 선이 없는 것도 바로 연속성이 있기 때문이다.

그 사이에는 시간적 간격도 없다.

시간도 연속적이다. 문법학자는 과거 시제, 현재 시제, 미래 시제가 마치 물샐틈없는 칸막이들 안에 똑똑 나누어 떨어져 있는 듯이 말하지만, 실제로 현재, 과거, 미래를 똑 떨어지게 나누는 선이 있는 것은 아니다. 현재를 생각하는 순간, 현재는 과거로 미끄러져 들어가 버린다. 당신 친구가 지금 몇 시인지 묻는다. 당신은 손목시계를 본다. 시계는 오전 9시를 가리키고 당신은 친구에게 '지금은 오전 아홉 시야.'라고 말한다. 그러나 엄밀하고 정확히 말해서 정말 그러한가? 당신이 친구에게 대답하는 순간 이미 오전 아홉 시는 아니다. 오전 아홉 시에서 최소한 몇 분의 일초라도 지난 후일 것이다. 시간은 결코 머무르지 않는다. 현재는 언제나 과거로 미끄러져 들어간다. 미래는 언제나 현재보다 앞서 있다. 시간도 역시 연속성의 법칙에 지배받는다.

지금까지 알려진 것처럼 모든 사물이 과거, 현재, 미래에 걸쳐 연속적 진행과정을 보이고 있다면 인간만이 이들 움직이는 과정 한가운데서 과거도 없고 미래도 없이 홀로서 있을 수 있을까? 변화, 생성, 연속성의 법칙 같은 기본적이고 보편적인 강력한 법칙이 죽는 순간이라 하여 사람에 대해서만 작용하기를 멈추고 완전 정지되는 법이 있는가? 인간도 연속적인 진행 과정의 한 부분이 아닐까? 그렇다면, 죽음은 일시적 현상의 일시적 끝일 수 있지 않을까? 죽음이란 변화의 또 다른 경우가 아닐까? 그리고 죽음은 죽는 자에게 다른 조건이나 상태로 가는 문을 열어주는 게 아닐까? 이것들은, 재생의 교의를 깊이 생각해 보지도 않고 성급하게 거부하기보다는 그 전에 일단 진지하게 생각해 볼 문제인 것 같다.

3장
작용과 반작용의 법칙

윤회생사를 잘 이해하기 위해 검토되어야 할 또 하나의 기본 법칙 혹은 원칙은 작용과 반작용, 또는 행위와 반응의 법칙Law of Action & Reaction이다. 이 법칙의 기본 가설은 모든 작용에는 어떤 결과나 반작용이 따라오기 마련이라는 것이다. 행위로부터 결과가 나온다는 이 원칙은, 그것이 자연에 의한 작용이든 사람이 행한 행위든 모든 영역에 다 적용된다. 이는 보편적 법칙이므로 물리세계와 정신세계에 똑같이 적용된다. 이 법칙은 원인과 결과의 법칙Law of Cause & Effect, 즉 인과의 법칙이라 한다. 이 법칙이 인간의 행위와 관련될 때는 업의 법칙Law of *Kamma*이라 하는데 여기에서 우리가 고찰하는 것도 그런 의미에서이다. 업業 *Kamma*이라는 말은 글자 그대로 행위를 뜻한다. 그러나 통상적으로는 행위의 결과를 가리킬 때 사용하기도 하는데, 행위의 결과를 가리키는 경우에 좀 더 정확한 표현은 업이숙業異熟 *kamma-vipāka*, 업의 과[業果] 혹은 업보이다.

사람이 행한 행위의 결과를 지배하는 것이 업의 법칙이다. 즉 어떤 행위와 그 결과 간에 작용하는 원칙은 다음과 같은 말로 표현된다. "씨 뿌린 대로 열매를 거둔다." 업의 법칙에 따라 좋은 행위는 반드시 좋은 결과를 낳고 나쁜 행위는 반드시 나쁜 결과를 낳게 되어 있다. 그 작용 원리는 완벽한 정의正義라 하겠으니, 업이란 그야말로 엄격한 회계사이기 때문이다. 그러므로 모든 사람은 자기의 행위에 대해 그 이상도 그 이하도 아닌, 응분의 대가를 받는다.

만약 업이 그렇게 한 치의 오차도 없이 정확하게 작용한다면, 왜 착한 행위를 한 어떤 사람은 마땅히 거둬야 할 좋은 결과를 거두지 못하고 죽고, 나쁜 행위를 한 어떤 사람은 그 악행에 대한 응분의 고통을 받지 않고 잘 살다 가는가, 하는 질문이 당연히 나옴직하다. 그럴 경우 사람들은 업의 법칙의 타당성을 믿으려 들지 않을 것이다. 인생살이 속에는 이와 유사한, 설명을 필요로 하는 변칙 상황들이 많다. 이 세상 사람들 사이에 기쁨이나 슬픔, 부富나 가난, 건강이나 질병 따위가 불평등하게 분배되어 있는 것도 그 일부이다. 이러한 상황들이 변칙으로 보이는 것은 그 법칙 적용의 시간대가 이번 한 생生이라는 좁은 범위에 제한돼 있다고 생각했을 때뿐이다. 그렇지 않고 만일 전생과 내생을 가정한다면, 이런 모든 상황은 완벽하게 설명이 된다. 전생의 행위는 금생에 결과를 낳고, 마찬가지로 금생의 행위는 내생에서 결과를 낳을 수 있으니까. 이로써 금생에 사람들이 겪는 모든 불평등이 설명된다. 부처님께서는 다음과 같이 말씀하셨다.

행위(업)는 바로 그 자신의 것이다. 행위는 자신의 상속물이다. 행위는 자신의 근원이다. 행위는 자신의 일가요 친척이다. 행위는 자신의 버팀목이다. 행위는 존재를 나눈다. 비천한 존재와 우월한 존재로.[8]

《중부》 135경, III권 203쪽

행위의 결과가 현실화되는 시기에 대해서는, 모든 영역의 행위 전반에 걸쳐, 어떤 결과는 즉각적으로, 어떤 결과는 지연되어 나타난다는 것이 일반론이다. 결과가 항상 그 원인 작용이 일어났던 순서대로 일어나는 것은 아니다. 많은 외적 요인들이 생겨나 그 순서를 교란시킨다. 인간 행위의 영역에서도 마찬가지로 업의 과가 현실화함에 있어 "먼저 온 손님부터 먼저 대접한다."는 원칙이 반드시 지켜지지 않는 데는 충분한 이유가 있다. 업의 법칙은 참으로 여러 방면으로 작용하고 또 업의 다양성도 너무나 큰 만큼 업의 전개과정 역시 복잡해질 수밖에 없다. 그것을 다 설명할 길은 없으므로 여기서는 요점만 간추려보기로 한다.

업의 법칙에 의해, 하나의 행위 뒤에는 그 과보가 따라온다고 일반적으로 생각하지만, 다른 원인적 요소들도 끼어들 수 있으므로 이들이 뒤섞여 결과를 빚어내는 경우가

---

8 빠알리 원문을 바로 옮기면 "존재는 업의 소유주며, 업의 상속자이며, 업을 자궁으로 하며, 업을 친연親緣으로 하며, 업을 의지처로 한다. 존재에 우열이 있다면 업이 나눈 것이다."

많다. 하나의 원인이 오로지 하나의 결과를 낳을 수는 없고, 더욱이 하나의 원인이 다수의 결과를 낳을 수도 없으며, 다수의 원인이 단지 하나의 결과만을 산출할 수도 없다. 복합적 원인들과 복합적 결과들에 관한 이 이론에 대해서 《청정도론》 17장에 이렇게 언급되어 있다. "하나의 결과든 혹은 여러 결과든 오직 하나의 원인으로부터 나올 수는 없고, 여러 원인에서 오직 하나의 결과가 나오는 것도 아니다."(냐나몰리 스님의 영역英譯에 따름) 그러므로 하나의 결과를 낳기까지는 여러 원인이 결합해야 한다. 이렇게 결합된 원인들의 일부는 그 결과를 강화 촉진시킬 수도 있고[支持業], 일부는 그 결과를 방해하고 늦출 수도 있으며[妨害業], 다른 일부는 결과를 완전히 무효로 만들 수도 있다[旣有業]. 대립하는 업들이 상호 작용할 때, 때로는 업 간에 서로 상쇄하고 그 나머지에 따라 업의 성격이 결정될 수도 있고, 또 때로는 우세한 업이 전면에 드러날 수도 있다. 우세한 순서는 다음과 같다.

1. 가루까 깜마*Garuka-kamma*-무거운 업
2. 아아산나 깜마*Āsanna-kamma*-죽음 직전에 짓는 업, 마지막 업
3. 아아찐나 깜마*Āciṇṇa-kamma*-습관적인 업
4. 까땃따 깜마*Kaṭattā-kamma*-유보된 잡다한 업

(마지막 것은 그 앞의 어떤 분류에도 속하지 않는 업을 말한다)

사람이 다시 태어난다는 가정이 성립할 때에만 비로소 인생의 모든 변칙적 상황이나 불공평이 설명될 수 있다. 재생을 믿으려 하지 않는 사람들은 이들 비정상적 사태를 다른 방식으로 설명하려 해왔다. 그런 시도들은 논리적으로 분석해 볼 때 말이 되지 않거나 아니면 재생 이론보다 훨씬 더 받아들이기 어려운 가정에 기초를 두고 있다. 재생 이론은 유한한 인간의 마음이 삶에서 겪는 갖가지 불공평과 변칙 상황으로 보이는 문제들을 설명하기 위해 찾아낸 가장 합리적이고 정당한 가정이라 할 수 있다.

4장
인력引力의 법칙

윤회를 이해하기 위해 검토해야 할 또 하나의 기본 원리는 인력의 법칙Law of Attraction이다. 이 법칙은 "같은 것들끼리는 서로 끌어당긴다."는 유유상종類類相從의 원칙을 기반으로 한다. 같은 종류의 힘들은 서로에게 끌리는 경향이 있다. 따라서 이 법칙은 친화성의 법칙이라고도 부른다. 특정 강도와 질의 진동을 가진 원자는 진동이 자신과 조화를 이루는 다른 원자를 끌어당긴다. 무선 전신 장치들은 주파수가 맞추어졌을 때에만 서로 간에 신호를 주고받을 수 있다.

이 법칙은 무정물 에너지계에서뿐만 아니라 생명체의 세계에서도 작용한다. "새들은 같은 깃끼리 함께 모인다."는 속담은 이러한 경향을 가리킨다. 새뿐 아니라 다른 동물들도 같은 유형끼리 무리를 짓는다. 인간에 있어서도 관심과 취향이 비슷한 사람들끼리 서로 이끌린다는 것은 일반 상식이다. 같은 방향의 공부나 취미, 경기에 흥미를 갖는 사람들이 모여 모임이나 클럽을 만드는 것도 이러한 경향을 입증한다. 부처님은 그래서 다음과 같이 말씀하셨다.

하열한 의향의 중생들은 하열한 의향의 중생들과 한 데 어울리고 서로 뜻이 맞는다. 고결한 의향의 중생들은 고결한 의향의 중생들과 한데 어울리고 서로 뜻이 맞는다. 그들은 과거에도 그렇게 해 왔고 미래에도 그렇게 할 것이며 현재도 그렇게 하고 있다.

《상응부》〈인연상응〉 II권 156쪽

정신적 텔레파시는 인력 법칙의 작용을 보여주는 또 다른 예이다.

인력의 법칙이 인간계에 적용될 경우, 다른 계에서는 작용하지 않는 매우 특별한 면이 한 가지 더 있다. 사람은 유사한 성향과 경향을 가진 사람을 끌어당길 뿐만 아니라 종종 그가 아주 좋아하는 물건이나 몹시 갈망하는 조건, 상황 등을 자기 쪽으로 끌어당길 수도 있다. 물질이나 조건을 끌어당기는 이런 특수 능력은 사람에게만 있는 것이다. 예를 들어 수년 전에 잃어버린 친구의 주소를 가장 급하고 아쉬울 때에 전혀 뜻밖의 곳에서 찾게 되는 경우가 있다. 이미 절판되어 좀처럼 구할 수 없는 책을 꼭 필요로 할 때에 길가의 헌 책방에서 발견하게 되는 일도 있다. 사람들은 그것을 우연이라고 할 것이다. 그럴지도 모른다. 그러나 우연이 아닌 다른 원리에 따라 일어났다고 할 수는 없는 것일까? 우연만이 유일한 설명일까? 아니 우연이란 말이 과연 설명이 될 수 있을까? 모든 일에는 다 원인이 있다. 그러나 사람들은 그 원인이 밝혀지지 않았거나 알 수 없을 때 이 우연이라는 편리한 단어를 끌어내곤 한다.

지금 이야기한 그런 일들이 일어나는 것은 우리네 욕망의 진동 속에 욕망을 구현시키고 그 목적을 찾게끔 해주는 어떤 강력한 힘이나 능력이 내재하기 때문일지도 모른다. 강력하고도 지속적인 욕망은 그 진동을 멀리 그리고 넓게 퍼뜨려 구하여마지 않는 바로 그 사물이나 조건에까지 다다른다. 그럴 경우 물리적인 이동이 아니므로 거리는 장애가 되지 않는다. 이동할 수 있는 것은 물리적인 것만이 아니다. 이 모든 것은 마음의 엄청난 능력 때문에 가능하다.

《법구경》은 바로 첫 구절에 "마음은 모든 조건들 중 앞서는 것이며, 마음이 최고이며, 모든 것은 마음으로 이루어진다*manopubbaṅgamā dhammā manoseṭṭhā manomayā*."고 선언하고 있다.

더 나아가 《상응부》(〈제천상응諸天相應〉 I권 39쪽)를 보면 부처님은 "이 세상을 이끄는 것은 마음이다. 세상은 마음에 의해 끌려간다. 이 세상 모든 것을 자기 지배 영역 하에 끌어들이는 것은 다른 그 무엇보다도 바로 마음이다."[9] 라고 하신다.

---

9 빠알리 원문을 바로 옮기면, '마음에 의해 세간은 이끌려 간다. 마음에 의해 끌려다닌다(고초를 겪는다). 마음 한 법[心一法]이 모든 것을 복속시킨다.'

그런데 흔히 바라던 일의 실현을 못 보고 마는 것은 그 일에 필요한 고도의 집중력이나 지구력을 가지지 못하였거나, 다른 근원에서 오는 더 강력한 상쇄 진동이 작용하는 경우가 많기 때문이다. 하나의 욕망을 겨냥한 강력하고도 지속적인 집중은 압도적인 인력引力을 일으킨다. 그 누적 효과는 차치하더라도 이 압도적 인력은 잠재의식의 마음에 큰 영향을 미치게 되는데, 잠재의식 세계야말로 인력이 힘을 받을 수 있는 장場일 뿐 아니라, 의식 단계의 마음에 영향을 끼치는 장이다. 사람은 의식적으로뿐만 아니라 잠재의식적으로도 욕망을 가질 수 있다. 욕망으로부터 분출하는 잠재의식적 동기는 의식적 동기보다 더 강력하다.

영감에 충만한 작가였던 앳킨슨[10]은 생각이 바로 이와 같은 대단한 인력引力을 지녔다고 보아 생각-자석thought-

---

10 앳킨슨William Walker Atkinson: 1862~1932. 미국 출생. 신사상운동New Thought Movement 초기에 큰 영향을 끼친 변호사이자 출판인, 저술가, 심령학 연구자.

magnet이라는 표현을 사용하였는데, 이는 정확한 말이라 생각된다. 그는 이렇게 말했다.

> **모든 생각, 욕망, 느낌은 자체가 가진 끌어당기는 힘을 십분 발휘하여 다른 생각, 욕망, 느낌 등이 자기 쪽으로 끌려오도록 만든다. 이 모든 것은 생각-자석이 내부에서 작용하고 있다는 사실을 가리킨다. 이 잡아당기는 능력은 처음에는 느리게 다소 천천히 작동하나, 눈덩이처럼 혹은 자라나는 수정처럼 점점 커지면서 성장 속도도 빨라진다.**

《생각은 물체이다*Thoughts are things*》

독자는 이 모든 일이 재생 문제와 무슨 관련이 있는가 하고 의아해 할 것이다. 그 관계는 이러하다. 불교의 가르침에 따르면 유정물有情物의 세계에서 동기를 유발시키는 가장 강력한 힘은 욕망 혹은 갈애이다. 그것은 딴하*taṇhā*愛라고 부른다. 수없는 가지각색 욕망들이 이 근본 딴하로 부터 솟아오른다. 그런데 이 딴하 혹은 갈애渴愛에는 세 가지 특수한 상相이 있으며 그 중의 하나가 존재에 대한 갈애[*bhava taṇhā* 有愛]이다. 인간의 삶과 행위 면에서 이 형태의 갈애가 얼마나 포괄적으로 널리 퍼져 있는가는 일반적으로 인식되어 있지 않다. 다양하기 그지없는 인간의 활동 밑에는 거의 언제나 이 존재에 대한 갈애가 깔려 있어 사람은 살아가는 찰나를 거의 모두 의식적으로, 또 더욱 더 자주 잠재의식적으로 갈애가 시키는 대로 움직인다. 존재하고자 하는 욕망, 계속 살고 싶은 욕망은 모든 다른 욕망의 원천이 된다. 계속 살고 싶은 욕망은 행위의 성질이 어떤 것이든, 인간으로 하여금 그 행위를 하도록 만드는 보이지 않는 밑바탕 흐름이다.

이에 대하여 그렇지 않다고 말할 수 있겠는가? 한번 생각해 보자. 우리는 돈을 벌고 밥을 먹고 옷을 입는다. 물론 우리가 죽기를 원해서가 아니라, 근본적으로 살기를 바라기 때문이다. 죽기가 아니라 살기를 원하기 때문에 서로 사랑하고 미워한다. 꼭 마찬가지 이유에서 우리는 투쟁하고 음모를 꾸미고 계획을 세운다. 거짓을 말하고 범죄를 저지르는 것 모두가 근본적으로 죽고 싶어서가 아니라 살고 싶어서이다. 역설적으로 들릴지 모르나 자살 행위조차도 근본적으로는 살고자 하는 욕망, 곧 어려움과 고통이 없는 삶, 장애와 좌절이 없는 삶을 살고 싶은 욕망으로부터 나오는 것이다.

앞의 논의에 의해 이제 존재하고자 하는 갈애가 사람 마음속에 의식적으로뿐 아니라 무의식적으로도 크게 자리 잡고 있다는 것이 명백해졌을 것이다. 생각이 모두 다 그러하듯이 갈애도 에너지의 한 표현이며, 따라서 없어지거나 소멸될 수 없다. 이 강력하면서도 지속적인 갈애는 강력하고 지속적인 에너지의 표현으로 사람이 죽는다 하여 함께 소멸되지는 않는다. 오히려 죽음의 순간 인력의 법칙에 따라 (삶이란 존재하고자 하는 의식적·무의식적 갈애의 연속 상태에 불과하기에) 살고 싶다는 이 강력하고 끈질긴 욕구 혹은 갈애에서 나오는 축적된 에너지가 죽어가는 사람에게 바로 그 다음 존재를 위해 필요한 조건들을 끌어당겨주는 수단이 된다. 그러므로 존재에 대한 갈애가 그를 다시 존재하게 만든다. 살겠다는 의지가 그를 다시 살게 한다. 그때 그는 정신적으로 또 다른 존재를 움켜쥐게 된다. 이 움켜쥐는 모습을 서구의 저술가 월슈[11]는 《오늘날을 위한 불교*Buddhism for Today*》라는 책에서 다음과 같이 매우 힘차게 표현하였다.

> 죽음의 순간 높은 수준의 정신적 기능들은 멈추어 버리고, 과거 업에 말미암은 무의식 형태들[12]이 표면에 떠오른다. 그 가운데 으뜸은 갈애, '딴하'의 힘이다. … 이 갈애의 엄청난 힘에 의지하여 육체적 새 기반을 잡으려는 본능적인 움켜쥠이 있어 새로운 존재가 잉태되고 새 생명이 시작된다. 이러한 설명이 이치상 뭐 그리 이해하기 어려운가? 죽어가는 사람은 으레 죽어가는 육신이 해낼 수 있는 최대한으로 버티며 더 살고자 발버둥 친다. 이 무섭도록 강한 충동이 죽음에 이르렀다고 간

---

11 월슈Maurice O'Connell Walshe: 1911~1998. 영국 런던 태생. 독일어 전공. 1951년부터 활발한 불자로서 불자협회 부회장, 영국 승가 트러스트 회장 등을 역임하며 보리수잎 하나 《영원한 올챙이》 등 불교에 관한 글을 다수 발표. 30여 년간 빠알리어를 연구한 후 《장부》를 영역英譯한 것(1987)이 큰 업적임.

12 뒤에 설명이 나오지만 불교 심리학에서는 무의식과 잠재의식을 같이 묶어 바왕가*bhavaṅga*라 부른다. 여기서 '무의식 형태들'이란 바왕가를 가리킨다.

단히 사라져버릴 수 있겠는가? 텔레파시의 기능을 보건대 우리는 마음이 한 육체에서 다른 육체로 어떤 의미에서는 '건너뛰듯' 하는 것을 알 수 있다. 그런 현상이 가능하다고 인정한다면, 인정하지 않을 도리도 없지만, 우리는 머릿속에서 죽음의 순간 '정신적 도약'이 어떻게 일어날까에 대해서도 그려볼 수 있다.

이와 관련하여 다음과 같은 부처님의 말씀을 언급하지 않을 수 없다. 어느 날 왓차*Vaccha*라는 유행遊行하는 수행자가 임종의 순간에 한 삶을 다음 삶으로 연결시키는 원인이 무엇인가를 질문했을 때, 부처님께서는 움켜쥠을 의미하는 우빠아다아나*upādāna* 取라는 강력한 힘에 대해 말씀하시고 죽음의 순간에 딴하, 즉 갈애가 바로 이 움켜쥐는 힘이 된다고 설명하셨다. 부처님께서는 이에 관해 간결하게 그러나 힘주어 말씀하셨다.

왓차여, 하나의 존재가 그 몸을 내버리고 다른 몸에서 다시 일어날 때, 갈애가 새로운 몸을 움켜쥐는 힘이 된다는 것을

나는 분명히 밝혀두노라. 진정으로 왓차여, 그럴 경우 갈애는 움켜쥐는 힘이 된다.

《상응부》 IV권 398쪽

죽음의 순간에 무슨 일이 일어나는지를 명백하게 밝혀 놓으신 것이다. 그러므로 죽음의 순간에 가장 강력해지는 (의식적으로는 활동이 없을지 몰라도) 존재에 대한 갈애는 강력한 움켜쥐는 힘이 된다. 갈애가 끌어당긴 재생의 기회를 잡는 것은 바로 이 움켜쥐는 힘이다. 취取는 갈애[愛]가 강력해진 형태이다. 움켜쥐며 달라붙는 그 힘은 다음의 예에서 볼 수 있듯이 가히 압도적이다.

어떤 사람이 한밤중에 바다 한가운데서 아무도 모르는 가운데 배 갑판에서 떨어졌다고 치자. 그는 삼킬 듯 덮쳐오는 파도와 싸우며 지푸라기라도 잡으려고 미친 듯이 허우적댈 것이다. 그러다가 워낙 쉬지 않고 질러대는 고함소리를 배 위에 있던 누군가가 마침내 듣게 되어 밧줄을 던져 주었다면 그는 있는 힘을 다해 그것을 끌어당길 것이다. 물에 빠진 사람이 필사적으로 밧줄을 붙잡을 때, 그래서 기어코 배에 올라 한 목숨을 건지고야 말 때 그 집요함이 얼마나 대단하겠는가.

그런데 마지막 숨을 몰아쉬며 허우적대는 임종자의 정신적 집착[取]은 이보다도 훨씬 더 집요하다. 그 순간 살고자 하는 강력하고 지속적인 갈애로부터 몽땅 뿜어져 나온 강력하고도 지속적인 에너지는 다른 삶의 기회를 자기 쪽으로 끌어당기게 되며, 이 기회를 그는 더할 수 없는 집요함으로 움켜잡는 것이다. 이 기회와 움켜잡는 행위는 순전히 정신적인 현상이다. 이에 관하여는 다음 장에서 논의될 것이다.

참으로 생명이란 갈애의 연속이다. 임종하는 사람은 그동안 축적된 살고자 하는 갈애 위에 죽는 순간의 강력한 갈애가 합해져 다음 생을 끌어당긴다. 진정 살려는 의지가 사람을 다시 살게 하는 것이다.

이 소식은 12연기緣起의 공식에서 다음 부분에 해당된다.

갈애를 연으로 하여 집착이 일어난다.

[愛緣取 *Taṇhā paccayā Upādānaṁ*]

집착을 연으로 하여 생성이 일어난다.

[取緣有 *Upādāna paccayā Bhavo*]

생성을 연으로 하여 재생이 일어난다.

[有緣生 *Bhava paccayā Jāti*]

5장
마음과 변화의 법칙

첫째 장에서 우리는 육체가 어떻게 변화의 법칙에 지배받는지를 보았다. 이제 몸과 마찬가지로 마음 역시 같은 법칙에 지배를 받는지 생각해 볼 필요가 있다. 마음은 물질적인 것이 아니다. 과거 어떤 유파의 사상가들이 생각했던 것처럼 마음은 두뇌에 자리 잡고 있는 게 아니다. 마음은 두뇌 속에 있는 것도 아니고 두뇌가 마음속에 있지도 않다. 불교 심리학에 의하면 마음이란 단지 생각들의 연속적인 흐름 외에 아무것도 아니다. 생각은 작용하고 있는 마음이다. 바람이 움직이는 공기일 뿐이듯, 생각은 움직이고 있는 마음에 지나지 않는 것이다. 그런데 생각은 에너지의 표현이므로 마음도 생각과 마찬가지로 없어지거나 파괴될 수 없다. 다만 변화할 뿐이다. 마음은 찰나찰나 바뀐다. 한 찰나 어떤 생각이 마음을 차지하면 다음 찰나 다른 생각이 그 자리를 차지한다. 생각이 생각의 뒤를 잇는 이 과정은 끊임없이 일어난다. 그러므로 마음이란 단지 생각의 그칠 줄 모르는 연속에 불과하다. 그것은 뭉뚱그려진 통일체가 아니라 하나의 연속체이다. 그것은 항구적이지도 정적靜的이지도 않다. 그것은 하나의 연속물[相續 *santati*]이다. 그것은 유동流動 혹은 흐름*sota*이다. 그것은 찰나찰나 끊임없이 일어났다 사라져가는 연속적인 생각의 흐름이다. 생각은 너무나 빠른 속도로 이어지므로 우리는 마치 마음이 어떤 견고하고 항구적인 것인 양 착각을 일으킬 수 있다. 어둠 속에서 한쪽 끝에 불을 붙인 막대기를 빙빙 돌리면 그 상황을 제대로 모르는 멀리 있는 사람은 마치 불로 된 고리나 원圓이 있는 것으로 생각할 것이다. 그러나 실제로 그러한 성질의 원이 있는 것은 아니다. 그것은 다만 불타는 막대기가 빠른 속도로 원운동을 할 때 만들어내는 착각일 뿐이다.

마음도 이와 같다. 생각들은 마음속에서 훨씬 더 빠른 속도로 서로의 뒤를 잇는다. 그래서 마음은 흔히 강물의 흐름에 비교되어 왔다. 강물 속에서 물줄기들은 빽빽하게 쉴 새 없이 이어지므로 강이라고 하는 영속성을 지닌 어떤 것으로 보이게 되고 또 그렇게 보려드는 것이다. 실제로는 그렇지 않은데도 말이다. 어제의 켈라니 강[13]은 오늘의 켈라니 강이 아니다. 아침 출근길에 건너간 강이 저녁 퇴근길에 다시 건너게 되는 그 강은 아니다. 그것은 매일, 매시간, 매찰나 다른 물줄기로 이루어져 있다. 마음도 그와 같다. 매찰나 다른 생각인 것이다. 한 생각 뒤를 다른 생각이 잇는 속도가 너무나 빠르기 때문에 마음이라 불리는 어떤 영속적인 것이 있는 양 착각하게 될 뿐이다.

이 생각의 이어짐이 얼마나 빠른 것인가에 대해서 부처님께서 다음과 같이 강조하신 적이 있다.

비구들이여, 나는 마음의 변화만큼 빨리 변하는 어떤 다른 것에 대해서도 들어본 적이 없으니, 그것이 얼마나 빨리 변하

13 켈라니Kelani 강: 스리랑카 콜롬보 인근을 흐르는 강.

는 것인가를 설명하기는 결코 쉬운 일이 아니다.

《증지부》 I권 10쪽

주석서 《앗타사알리니》[14]에서는 "물질의 한 단위가 생겨난 후, 지속되는 동안 16개의 심찰나心刹那[15]가 일어났다 흩어지는데, 어떤 예를 든다 해도 그들이 차지하는 시간의 짧음을 표현할 수는 없다.(PTS영역본, part 1, 81쪽)"고 말하고 있다.[16]

이와 관련하여 우리는 생각이 서로 이어지는 속도가

---

14 《*Atthasālini* 勝義說》: 논장 중 《*Dhammasaṅgaṇi* 法集論》에 대한 주석서.

15 심찰나心刹那 *cittakkhaṇa*: 영역은 thought-moment 또는 conscious-moment. 인식 과정에서 한 단계가 점하는 시간. 가장 짧은 시간 단위. 번개가 번쩍할 동안 수십억 심찰나가 있다고 주석가들은 비유로 설명함.

16 참고로 동양에서 작은 수는 다음과 같이 부른다.

10^{-1} 분分 deci	10^{-2} 리厘	10^{-3} 모毛 mili
10^{-4} 사絲	10^{-5} 홀忽	10^{-6} 미微 micro
10^{-7} 섬纖	10^{-8} 사沙	10^{-9} 진塵 nano
10^{-10} 애埃	10^{-11} 묘渺	10^{-12} 막漠 pico
10^{-13} 모호模糊	10^{-14} 준순逡巡	10^{-15} 수유須臾 femto
10^{-16} 순식瞬息	10^{-17} 탄지彈指	10^{-18} 찰나刹那 atto
10^{-19} 육덕六德	10^{-20} 허공虛空	10^{-21} 청정淸淨 zepto

빠르다는 사실뿐 아니라, 생각과 생각 사이에 경계선이 없다는 것도 상기할 필요가 있다. 하나의 생각은 다른 생각 속으로 녹아들어가기 때문에 '생각들의 이어짐[連續]'이라는 표현은 상황을 적절히 기술하고 있다고 보기 어렵다. 강물의 경우도 마찬가지다. 물이 이어져 내려간다기보다는 물이 흐른다고 기술하는 것이 적절하다. 저명한 심리학자인 윌리엄 제임스 교수[17]는 그의 《심리학: 단기과정 *psychology: Briefer Course*》에서 〈의식의 흐름〉이라는 제목에 한 장章을 할애하고 있다. 여기서 그는 말하기를 "그런데 의식은 그 자체가 잘게 토막이 난 조각처럼 보이지는 않는다. 우선 첫째로, 의식이 드러나는 양을 표현하여 '사슬 같다'느니 '열차 모양 같다'느니 하는 단어를 쓰는 것부터가 적절하지 못하다. 그것은 이어 맞추어진 것이 아니고 흐르는 것이다. '강'이나 '흐름'은 그것을 가장 자연스럽게 그린 상징적 표현이다. 이제부터는 의식을 말할 때, 생각

---

17 윌리엄 제임스William James: 1842~1910. 미국의 철학자·심리학자. 실용주의 철학 운동과 기능주의 심리학 운동의 주도자이다.

의 흐름, 의식의 흐름 혹은 주체적 삶의 흐름이라고 부르자."(윌리엄 제임스는 이 부분을 이탤릭체로 구별하여 썼다)

한 생각이 다른 생각 속으로 끊임없이 녹아들어가는 진행 과정이 너무 빠르기 때문에 언뜻 보아서는 우리의 마음이 어떤 독립·안정된 정체성을 지니고 있는 듯한 인상을 갖게 되고, 그뿐 아니라 생각이라는 정신적 기능을 행하는 신비스럽고 영구적인 무엇이 우리 마음 안에 주재하고 있는 듯 상상하게 된다. 윌리엄 제임스 교수는 이 부분에 관하여 그의 《심리학의 원칙*Principles of Psychology*》에서 "생각은 그 자체가 생각하는 자이다."라는 견해를 피력하였는데, 그 말을 제대로 이해하려면 조금 깊이 숙고해 보는 자세가 필요하다. 앞서 언급한 〈의식의 흐름〉 장에서 그는 "우리가 보통 '비가 온다' 혹은 '바람이 분다'라고 말하듯이 '생각이 난다'(It rains, It blows와 마찬가지로 3인칭을 사용하여 It thinks로 사람의 생각-과정을 비인칭화한다면)라고 말한다면 사실을 가장 명료하게 표현했다고 할 수 있을 것이다."라고 지적했다.

저명한 심리학자들은 대부분 마음을 하나의 통일적 개체가 아닌 생각의 연속체로 보는 견해를 갖고 있다. 예를 들어, 《종교와 과학*Religion and Science*》에서 버트런드 러셀[18]은, "아주 최근까지 과학자들은 더 이상 쪼개질 수 없고 파괴될 수 없는 원자의 존재를 믿었다. 물리학자들은 이런 원자를 '연속적으로 일어나는 사건'으로 바꾸었는데, 이는 충분한 이유에 근거를 둔 것이었다. 심리학자들 또한 이와 같은 충분한 이유에서 마음이 하나의 지속적 정체성을 지닌 무엇이 아니라, 어떤 친밀한 관계 속에 한데 묶여 발생하는 일련의 사건들임을 알게 되었다."라고 말하였다. 그는 또 덧붙여 말하기를 "따라서 영원한 존재의 문제란 현존하는 육체와 결부되어 일어나는 사건들과 그 육체의 사후에 일어나는 사건들 사이에 이 친밀 관계가 존재하느냐 않느냐 하는 문제로 귀착된다."고 했다.

---

18 버트런드 러셀Bertrand Russell: 1872~1970. 영국의 논리학자·철학자. 수리논리학 분야의 저작들과 평화 운동, 핵무장 반대운동을 비롯한 사회 정치 운동으로 유명하다. 1950년 노벨 문학상을 수상했다.

개개의 생각은 의식의 단계의 마음을 떠날 때, 자체 특유의 모든 에너지와 잔존 효과 및 성향 등을 잠재의식 혹은 무의식에 넘겨주지만 사람은 이런 전달 현상을 감지하지 못한다. 정신적인 모든 과정이 의식 단계의 마음에 떠올라 감지되는 것은 아니다. 우리가 인식하지 못하는 정신적 과정도 많다. 여기에서 우리는 불교 심리학에서 '바왕가 찟따*bhavaṅga-citta*'라고 부르는 마음의 무의식적, 잠재의식적 측면들을 생각하게 된다. 이에 관하여는 다음 장에서 다룰 터이므로 여기에서 상세한 언급은 하지 않겠다. 단지 우리의 생각들이 남기는 인상들이 어딘가에 저장되는 것이 아니라면 과거에 일어난 많은 사건들이나 전에 암송했던 시구, 문장 등을 마음대로 저장하고 불러내는 저 놀라운 기능을 하는 기억이라는 존재를 어떻게 설명할 것인가 하는 문제만 제기해두고자 한다.

1장에서 우리는 육체가 하나의 변화 과정임을 알아보았다. 이번 장에서는 마음도 역시 하나의 변화 과정임을 알게 되었다. 인간은 정신·물리적 결합체, 즉 마음과 육체의 결합체이다. 이제 우리는 그것이 변화하는 마음과 변화하는 육체의 결합체임을 안다. 마음과 육체를 변화하는 과정으로 보는 관점은, 살아있는 것은 실상 한 찰나뿐이고 다음 찰나의 삶은 또 다른 삶이라는 견해를 새삼 음미하게 한다. 물론 그 이해가 쉽지는 않지만. 궁극적인 의미에서 생명의 존속 기간은 그러니까 한 찰나뿐이다. 이 같은 사실을 종종 '생명의 찰나성'이라고도 일컫는다. 《청정도론》 8장에서 생생하게 지적하듯이 돌고 있는 바퀴는 특정 찰나에 땅의 한 점만을 스친다. 다음 찰나에는 바퀴의 바로 그 다음 점이 땅의 그 다음 점에 닿는다. 마찬가지로 우리는 한 심찰나만을 살 뿐이며, 바로 다음 찰나는 실제로 다른 삶이다. 왜냐하면 그때에는 마치 바퀴의 다른 점이 닿듯이, 다른 마음이 다른 육체와 함께 기능하기 때문이다. 다음 찰나에 기능하는 것이 다른 육체라는 것은 1장 〈변화의 법칙〉에서 설명하였는데, 이때 몸은 매찰나 변화하는 것이고 찰나찰나 되풀이되는 삶과 죽음[生滅]이 있다고 말했었다.

하지만 이처럼 찰나찰나 삶과 죽음이 되풀이되는데도 삶의 연속성은 그대로 유지된다. 왜냐하면 순간적 삶과 죽음이 있는 한편으로 순간적인 '다시 삶reliving'이 있기 때문이다. 그리고 앞에서 언급된 잔존 효과 및 성향들이 전달되므로 재생은 지나간 찰나의 삶과 관계가 있다. 한 생각이나 의식이 다음 것을 일으키는 과정은 중단 없이 계속된다. 다른 장에서 논의하겠지만, 이번 생을 마감하는 그 찰나에도 마지막 임종 때 의식은 다른 의식을 일으킨다.(물론 그 일어나는 곳은 다른 몸, 다른 장소, 심지어는 다른 존재 차원일 테지만) 이 새 의식은 새로운 존재의 핵을 형성하는 데 가장 알맞은 쪽으로 당겨져 두 가지 새로운 육체적 요소(부모의 정자와 난자세포)와 결합한다. 연속되는 의식이 무한히 멀리 떨어진 거리에서도 이어서 일어날 수 있다는 것은 불가능해 보이지 않는다. 첫째로는 그것이 물리적 의미의 이동이 아니기 때문이고, 둘째로 인력의 법칙은 시간과 공간이 문제가 되지 않는 영적 차원에서도 역시 작용하기 때문이다.

따라서 다음과 같은 얘기가 성립된다. 삶과 죽음의 차이가 단지 한 심찰나뿐이라는 점에서 보면, 이생에서 찰나찰나 삶이 바뀌는 것이나 한 존재에서 다음 존재로 삶이 바뀌는 것이나 본질에 있어 하등 다를 바가 없다는 것이다. 뒤따르는 생에서의 첫 번째 심찰나心刹那는 자력으로 발생된 독립적인 것이 아니다. 그것은 그 앞 생의 마지막 심찰나의 속편sequel이다. 그러므로 그것은 비록 다른 세계에 다른 몸으로 태어나더라도 내내 앞의 생을 구성했던 일련의 연속적인 심찰나들과 이어진 연속물이다. 앞 생의 마지막 의식 단계의 심찰나가 뒤이은 생의 첫 번째 심찰나를 조건짓는다. 이들 두 생각은 동일한 아아람마나 *ārammaṇa* 즉 생각의 대상을 갖는다. 이에 관하여는 다음 장에서 설명하려고 한다. 그러므로 한 생각이 다른 생각을 일으키는 이 연속적 과정에서 육체의 죽음은 아무런 방해나 걸림돌이 되지 않는다.

6장
의식 단계의 마음과 무의식 단계의 마음

마음은 변화하는 과정임이 앞에서 이미 밝혀졌다. 이 과정은 '위이티 찟따*vīthi citta*(의식 단계의 마음)'와 '바왕가 찟따*bhavaṅga citta*(무의식 및 잠재의식 단계의 마음)'라는 두 가지의 단계 혹은 흐름으로 나타난다.[19] 서구 심리학자들

---

19 ㉮ 위이티 찟따*vīthi citta* 路心: 후기 상좌부에서 쓰는 용어. *vīthi*는 길을 뜻하지만 여기서는 흐름이란 의미로 쓰인다고 나아라다 스님은 《섭아비담마의론》의 영역본에서 주석을 달고 있다. 영어로는 process of consciousness, cognitive series 등으로 옮기는데 이 책의 저자는 conscious mind라는 역어를 택하면서도 서구적 의미로 받아들여지는 것을 피하기 위해 conscious *vīthi citta*라는 표현을 자주 쓰고 있다. '의식(활동) 단계의 마음'이라 옮기기로 한다.

㉯ 바왕가 찟따*bhavaṅga citta* 有分心: subconsciousness, subliminal consciousness, subconscious life-continuum. 저자는 이를 *bhavaṅga citta*라는 빠알리어를 그대로 쓰거나 unconscious mind 혹은 the subconscious or unconscious *bhavaṅga citt*a로 표현하고 있다.

불교 심리학에서 말하는 바왕가 찟따는 본문 6장의 '무의식 단계의 마음의 중요성 - 그 기본적 위치' 이하에서 보듯 서구 현대 심리학에서 잠재의식 및 무의식이 뜻하는 것보다 더 적극적이고 중요한 역할을 한다. 일단 '무의식 단계의 마음'으로 옮기고, '바왕가 찟따'라고도 표현하기로 한다.

의 가설에 의하면 사람의 마음은 의식, 잠재의식, 무의식이라는 세 개의 층 혹은 흐름으로 되어 있다. 의식의 수준에는 자기가 무엇을 행하고 말하는지 아는 자각이 존재한다. 그보다 깊은 잠재의식 수준에는 의식적 마음을 지나쳐간 생각들이 남긴 모든 인상과 기억들이 감추어져 있다. 이들 인상들 중 상당 부분은 마음대로 되불러낼 수 있다. 또 그들 중 일부는 저절로 의식 속에 다시 떠오르기도 한다. 가장 깊은 수준은 무의식인데 거기에도 의식 수준의 마음을 지나쳐간 생각들의 인상과 생각의 기억들이 감추어져 있으나 결코 원하는 대로 되불러낼 수는 없다. 때때로 그런 인상이나 기억들이 저절로 의식 표면에 다시 나타나는 수가 있고 또 최면술 같은 특별한 방법에 의해 끄집어낼 수는 있다.

불교 심리학에서는 이들 세 가지 층[20]을 '위이티 찟따'와 '바왕가 찟따'의 두 항목으로 나눈다. 의식의 단계는 '위이티 찟따'라는 이름으로 알려져 있다. 나머지 잠재의식과 무의식을 합해서 '바왕가 찟따'라는 한 이름으로 다루고 있다. 잠재의식과 무의식은 별개의 분리된 칸으로 취급하지 않는다. 서구 심리학자들도 잠재의식적 마음과 무의식적 마음은 서로 녹아 들어가므로 뚜렷한 경계가 없음을 시인한다. '바왕가 찟따'는 '위이티 찟따', 즉 의식 단계의 마음을 통과한 모든 생각들의 인상과 기억들이 들어 있는 숨겨진 저장고이다. 모든 경험과 성향은 그곳에 저장되어 있으면서 거기로부터 때때로 의식 단계의 마음에 영향을 끼치지만 의식 단계의 마음은 그 영향의 근원을 알아차리지 못한다. 불교의 '바왕가 찟따'는 여러 가지 측면에서 서구 심리학의 무의식과 유사하나 똑같은 것은 아니다. '바왕가 찟따'는 서구식 무의식보다 더 범위가 넓으며, 불교 심리학에서는 의식과 무의식은 서로 조건 짓는 관계에 있기 때문에 엄밀히는 동시에 같이 작용하지 않는다.

---

20 층levels: 서구 심리학에서는 마음의 구조를 수직적으로 파악하여 층 혹은 수준으로 보지만 불교 심리학에서는 연속적으로 파악하기 때문에 수준 혹은 층이란 개념보다는 단계라는 표현이 더 적절할 것 같아 우선 써보기로 한다.

일반적으로 사람은 깨어 있는 낮 동안 의식 활동이 활발하고 사물을 알아차리는 상태에 있다. 그 상태에서 우리의 의식은 다섯 감각을 통해 밖으로부터 쉴 새 없이 받아들이는 모든 충격이나 인상을 인식하고, 또 한편 관념이나 사고思考 또는 지나간 생각의 회고를 통해 내면으로부터 받게 되는 인상들을 인식한다. 그러므로 깨어 있는 동안의 의식 단계의 마음은 아무것도 하지 않고 있을 수는 없다. 의식이 있다는 것은 바깥에 있는 것이든 안에 있는 것이든 무언가를 의식하고 있음을 의미하기 때문이다. 이렇게 안으로부터나 바깥으로부터 항상 인상을 받아들이는 의식 단계의 마음이, 예를 들어 잠든 동안과 같이 비활동적인 상태로 침잠하면 다른 종류의 흐름, 즉 수동적인 무의식 또는 잠재의식 과정이 나타난다. 이 무의식 단계의 마음을, 모든 의식 단계의 생각-과정*vīthi*으로부터 풀려났거나 자유로워졌다는*mutta* 의미에서 '위이티뭇따 찟따*vīthi-mutta citta* 離路心'라고도 부른다. 이 수동적 과정은 의식 단계의 마음이 일어나 교란하지 않는 한 잔잔한 개울물처럼 계속 흐르기 시작한다. 흐름에 대한 교란은 다섯 감각 통로 중의 어떤 것을 통하여 수면睡眠상태가 방해를 받게 될 때 일어난다.

무의식 단계의 마음이 나타나는 것은 수면 동안만이 아니다. 사람이 깨어 있는 동안에도 한 생각이 가라앉고 다음 생각이 일어나기까지의 지극히 짧은 시간, 즉 의식 단계의 마음이 일어나는 시간 사이에 무의식 단계의 마음이 반드시 끼어든다. 그러다가 의식 단계의 다음 생각이 떠오르면 무의식 단계의 마음은 비활동 상태로 침잠한다. 낮 동안에도 헤아릴 수 없이 많은 생각들이 꼬리를 물고 일어났다 사라지는 만큼 무의식 단계의 마음의 흐름이 순간적으로 중단되는 일이 그만큼 수없이 많이 일어나는 셈이다.

무의식 단계의 마음의 중요성-그 기본적 위치

어떤 의미에서는 수동적인 무의식 단계의 마음이 의식

단계의 마음보다 더 중요하다. 바왕가 찟따(무의식 단계의 마음)는 의식의 측면에서 보아 활동적이지 않을 뿐 잠재의식적으로는 활동적이라 할 수 있다. 그것은 의식에 떠오르지 않는 상태의 활동, 다시 말해 의식의 문턱[21] 바로 밑에서 벌어지는 활동, 따라서 의식 단계의 마음에는 알려질 수 없는 활동이라 간주된다. 의식 단계의 마음은 한 찰나에 오직 하나의 생각이나 관념을 수용할 뿐이나 잠재의식 내지 무의식 단계의 마음은 의식 단계의 마음을 드나드는 모든 생각, 관념, 경험들의 인상을 수용한다. 그러므로 무의식 단계의 마음은 귀중한 정신적 창고로 혹은 인상의 저장소로 기능한다. 윌리엄 제임스 교수는 《종교 경험의 다양성*Varieties of Religious Experience*》에서 잠재의식 단계의 마음('바왕가 찟따'의 한 측면에 해당되는)에 대해 "그것은 분명히 우리 존재의 더 큰 부분이다. 왜냐하면 그것은 잠복하고 있는 모든 것의 거처이며, 기록이 되었거나

21 의식의 문턱: 식역識閾. threshold of the conscious mind. 의식의 소실 또는 출현의 경계선. 자극에 대해 반응이 시작되는 분계점.

주목받지 못한 채이거나 간에 지나쳐가는 모든 것들의 축적이기 때문이다."라고 말하고 있다.

무의식 단계의 마음의 또 다른 특징은 때때로 그 안에 감추어져 있는 생각, 관념, 인상들 중 일부가 의식 단계의 마음에 영향을 줄 수 있다는 것이다. 이것들은 최면을 통해 일깨워져 의식 표면으로 끄집어내질 수 있는데 그에 관해서는 뒤에 다루게 될 것이다.

무의식 단계의 중요성을 인정하는 것은 기억과 같은 정신 현상을 이해하는 데 매우 필수적이다. 그렇지 않을 경우 이들 정신 현상들은 설명되기 어렵고 완전히 불가사의로 남게 된다. 이에 관하여 냐나띨로까 스님[22]이 《업과 윤회》[23]에서 한 말을 상기해 보면 도움이 될 듯하다. "잠재

22 냐나띨로까 스님Nyanatiloka: 1878~1953. 독일인으로 유럽인들 가운데 최초로 비구계를 받음. 일찍이 불교철학에 이끌려 1903년 스리랑카로 건너갔다가 1904년 미얀마에서 수계하고 다시 스리랑카로 돌아와 나머지 생애를 동양에서 보냄. 보리수잎·여덟 《불교 이해의 정正과 사邪》, 〈고요한소리〉 주 2 참조.

의식상태의 생명의 흐름인 '바왕가소따*Bhavaṅgasota*'의 존재는 우리의 사고思考를 설명하는 데 필수적인 가정假定이다. 무엇이든 우리가 보고 듣고 느끼고 지각하고 생각하고, 내면으로든 바깥으로든, 경험하고 행한 것들이 극도로 복잡한 신경계통에든 아니면 잠재의식 내지 무의식 안에든 어떤 방식으로든 어디엔가 빠짐없이 등재되지 않는다면, 우리는 바로 전에 무엇을 생각했는지도 기억할 수 없을 뿐더러 다른 사람이나 사물의 존재에 대해 아무것도 알아볼 수 없을 것이고 부모, 선생, 친구, 기타 누구도 알아보지 못할 것이다. 도대체 생각한다는 것 자체가 불가능할 것이니, 이는 생각이 앞서 경험한 것들의 기억을 조건으로 하여 일어나기 때문이다. 그럴 때 우리의 마음은 막 태어난 갓난아기의 마음, 아니 어머니 자궁 속에 있는 태아의 마음보다도 더 아무것도 없는 완전 백지 상태일 것이다."

---

23 보리수잎·스물하나 《업과 윤회》(2022), 〈고요한소리〉 17~18쪽 참조.

바왕가 찟따(무의식 단계의 마음)는 인상들이 저장된 정신적 창고로서의 기능 외에도 그 어원이 시사해주듯 매우 중요한 기능을 수행한다. '바와(존재)'와 '앙가(요소)'라는 말로 구성된 '바왕가'라는 단어는 '바왕가 찟따'가 존재의 요소 혹은 존재에 없어서는 안 될 기초라는 것을 나타낸다. 그래서 주석서 《위바아위니 띠이까*Vibhāvini Ṭīkā* 賢人復註》에 '그로 말미암아 존재나 개체의 흐름이 멈춤 없이 유지되는 생명의 요소'라고 정의하고 있다. 이것이 바왕가 찟따의 가장 중요한 기능이다. 그것은 존재에게 필수적이고 지속적인 기초가 되거나 그 밑 흐름으로 작용한다. 그런 의미에서 그것은 바왕가소따(무의식의 흐름)라고 불린다. 그것은 또 '존재의 기능'이라고도 불려왔으며, 그 이름값대로 삶을 지속시키는 구실을 한다. 서구의 저술가들은 이 뜻을 잘 살리기 위해 생명-연속체life-continuum라는 용어를 썼다.

냐나띨로까 스님은 《불교사전》에서 "일부 현대 심리학자들이 무의식 또는 영혼이라고 부르는 잠재의식적 생명 흐름 또는 생명의 밑 흐름[低流]은 바로 그것이 있음으로써 기억의 능력, 염동念動 telekinesis 현상의 문제, 정신·육체적 성장, 업 그리고 재생 현상 등이 설명될 수 있는 것이다."라고 서술하고 있다.

쉐 잔 아웅이 《철학개요*Compendium of Philosophy*》[24] 서문에서 전개한 바왕가 찟따(존재의 흐름)의 한층 고차원적 기능에 관한 고찰은 매우 유익한 시사점을 던져준다. "그렇다면 존재의 흐름은 현재 의식을 가진 존재의 필수 조건이자 필수 요소, 즉 없어서는 안 되는 것이다. 그것은 개개 생명의 존재 이유이다. 그것은 생명-연속체이다. 이를테면 그것은 생각이라는 그림이 그려지는 바탕과 같다. 비유컨대 그것은 어떤 장애도 받지 않고, 어떤 바람 때문에 주름 잡히지도 않고, 어떤 파도 때문에 파문을 일으키지

---

24 미얀마의 쉐 잔 아웅Shwe Zan Aung과 영국의 PTS 2대 회장 리스 데이비스Rhys Davids 여사가 협력하여 번역 출간한 《섭아비담마의론*Abhidhammattha saṅgaha*》의 영역본 제명. 미얀마의 아누룻다 스님(10~11세기)이 저술한 원저는 남방 상좌부에서 매우 중요한 위치를 차지하고 있는 교리요강서임.

도 않고, 어떤 지류의 물도 받아들이지 않고 또 그 내용물을 세상에 내보내지도 않은 채로 조용히 흐르고 있을 때의 강물의 흐름과 같다. 그 흐름이 내부 세계로부터 오는 장애가 되는 어떤 생각에 부딪치거나 바깥 세계로부터 오는 감각이라는 지류의 유입에 의해 동요되면 의식 단계의 마음인 생각(위이티 찟따)이 일어난다. 그러나 존재의 흐름을, 생각이 그 속으로부터 떠오르는 바닥면subplane이라고 가정해서는 안 된다. 일생 동안 혹은 세세생생 동안 식역識閾 하의 찰나찰나적 의식작용과 식역 상의 찰나찰나적 의식작용은 내내 병렬관계를 이룬다. 하지만 그런 작용들이 아래위로 중첩되는 일은 결코 없다."

7장
생각, 생각-과정 및 심찰나

어느 언어에 있어서나, 어떤 단어와 표현들은 정확성을 기하기보다 인습적으로 느슨하게 적당히 사용되고 있다. 일례로 우리는 '해가 뜨고 진다'라는 말을 쓰는데 실상은 그렇지 않다. 5장에서 우리는 '마음'이 결코 영구적이고 안정적인 것이 아닌데 '마음'이란 단어는 그런 상태를 의미하는 듯 느슨하게 사용되고 있음을 보았다. 이 장에서는 '생각'이라는 단어가 '마음'처럼 역시 느슨하게 사용되고 있음을 알아볼 것이다. 맥두걸[25]이 그의 저서 《심리학

---

25 맥두걸William McDougall: 1871~1938. 영국 태생 미국의 심리학자. 실험 심리학 및 생리 심리학의 확립에 영향을 미쳤으며 사회적 행동의 기초에 관한 광범위한 연구를 자극했던 《사회심리학 개론》을 썼다. 인간의 행동이 단지 이성에 의해 움직이는 것이 아니라 궁극적으로는 본능이나 본능에서 일어나는 애·증·흥미·경쟁심 등에 의해 움직인다는 본능론을 폄.

Psychology》에서 "의식에 관한 사실들을 기술하다 보면 우리가 일반적으로 사용하는 개념이나 단어들이 분석적 기술記述 작업에 매우 부적절함을 발견한다."고 했던 말을 새삼 상기하며 이야기를 전개하고자 한다.

생각이란 무엇인가

생각이란 어떤 대상을 의식하거나 알아차리는 것이다. 생각의 대상은 밖에 있는 것일 수도 있고 내면의 것일 수도 있다. 의식 상태에서든 무의식 상태에서든 사람이 생각을 하지 않는 찰나는 없다. 불교 심리학에서는 생각을 하나의 단일한 개체로 보지 않기 때문에 생각이라는 말을 쓰지 않고 생각-과정thought-process이라는 용어를 사용한다. 우리가 생각이라고 느슨하게 부르는 것이 실은 생각-과정인 것이다. 《효과적 사고*Effective Thinking*》를 저술한 조셉 제스트로우는 다음과 같이 말하고 있다.

생각이란 정신의 진행 과정들이 복합적으로 모인 것을 지칭하는 편리한 이름일 뿐이다.

생각-과정이란 무엇인가

우리는 앞에서 마음이 끊임없이 이어지는 생각들의 연속으로서, 무언가 영원하고 안정적인 것처럼 보일 정도로 빠르게 각각의 생각이 그 다음 생각을 뒤따르고 있는 것일 뿐이라는 사실을 알았다. 실제로 마음은 단일체가 아니라 하나의 진행 과정이다. 다만 어떤 특색이 한정된 진행 과정이라는 점, 다시 말해 17심찰나들이 각각의 뒤를 잇는 한정된 과정이라는 점이다. 그래서 우리가 생각이라고 부르는 것은 생각-과정이 된다. 사람이 나무를 보고 바로 나무라고 인식했다면, 그것은 나무에 대한 자각 혹은 의식이 그 사람 안에 일어났음을 의미한다. 그러나 그 일이 단 하나의 정신 작용에 의해 일어난 것은 아니다. 나무에 대한 자각 혹은 의식, 아니면 생각이 온전히 일어나려면 17단계 혹은 17심찰나들이 이미 일어났을 것이다. 나무를 본 사람은 17단계 혹은 17심찰나들을 모두 의식하지 못할지도 모른다. 이들 정신적 과정의 어떤 부분 특히 초기과정은 '바왕가(무의식 상태)'에서 일어나기 때문이다. 하나의 생각-과정을 마치거나 완성시키는 데는 17단계 혹은 17심찰나들이 필요하지만, 이 과정을 거치는 데 긴 시간이 소요된다고 추측하면 잘못이다. 오히려 거기에 걸리는 시간이 극도로 짧음을 강조하기 위하여, 주석가들은 생각-과정을 번갯불이나 눈의 깜박임에 비교하곤 했다. 생각-과정에 걸리는 시간은 그만큼 극미하다. 이들 17단계 혹은 17심찰나들의 구성에 대해서는 다음 장에서 밝혀보고자 한다.

심찰나란 무엇인가

하나의 생각-과정의 지속시간을 측정하는 단위는 심찰나인데 이 또한 시간을 무한히 작게 분할한 것이다. 모든 심찰나들은 마치 바다의 파도가 솟구쳐서는 덧없이 짧은 찰나동안 머물렀다가 가라앉아 버리듯이, 의식 단계의 마음에서 일어나 한 찰나 거기에 남았다가는 무의식 단계의 마음으로 가라앉는다. 그러므로 하나의 심찰나가 거치는 세 단계는 다음과 같다.

(1) 시작단계 혹은 발생단계[生 *uppāda*]

(2) 지속단계[住 *ṭhiti*]

(3) 정지단계[滅 *bhaṅga*]

이들 세 단계 역시 더할 수 없이 짧은 시간에 일어난다. 이렇듯 짧디짧은 하나의 심찰나조차도 그냥 버티고 있는 게 아니라 첫째에서 둘째 단계로, 둘째에서 셋째 단계로 번개처럼 질주하고 있는 것이다.

심찰나와 생각-과정

앞에서 언급했듯이, 하나의 생각-과정은 17심찰나로 이루어지며, 각 심찰나는 다시 세단계로 나누어져 있다.

하나의 생각과정을 끝내어 완성시키려면 17심찰나들이 각기 일어났다가, 머물렀다, 사라져 가야만 된다. 17번째 심찰나의 정지 단계가 사라지고, 다음번 생각-과정에서 첫번째 심찰나의 발생 단계가 일어나기 전 바로 그 연결점에서, 하나의 생각-과정이 끝났기 때문에 의식 단계의 마음은 가라앉고 무의식 단계의 마음이 활동하여 다시 나타난다. 이 무의식 단계의 마음도 역시 오래가지 않는다. 이 역시 덧없이 짧은 한 찰나 동안 무의식 단계의 마음에 남았다가 사라져 다음 생각-과정이 의식 단계의 마음에 떠오른다. 이 새로운 생각-과정도 17단계 혹은 17심찰나들의 과정을 거치게 되고, 그러면 무의식 단계의 마음이 다시 나타난다. 이런 방식으로 식의 진행과정이라는 그칠 줄 모르는 개울물은 흐르고 또 흐른다.

이와 같은 여러 식의 상태나 작용[26]이 열차의 객차가 칸칸이 연결되듯, 그러한 모양으로 이어지는 것이라고 보면 잘못이다. 하나하나의 식의 단계는 그 다음 단계로 고스란히 녹아든다. 각 식의 단계와 그 다음 단계 사이에는 뚜렷한 경계선이 없다. 그러므로 한 심찰나의 발생 단계와 그에 이어지는 지속 단계 사이에, 혹은 지속 단계와 정지 단계 사이에 뚜렷한 구분이 있을 수 없다. 이와 마찬가지로 한 생각-과정과 다음 과정 사이에도 뚜렷한 구분선이 없다. 하나의 의식적 생각-과정이 끝나고 다음 것이 시작하기 전에 무의식 단계의 마음이 나타난다고 비록 말은 그렇게 하지만, 여기에도 역시 뚜렷한 구분선은 없다. 왜냐하면, 앞 장章에서 기술했듯이, 의식 단계의 마음은 무의식 단계의 마음으로 녹아들기 때문에 이들 사이에 뚜렷한 구분선이 있을 수 없는 것이다. 어느 부분에서나 또 어떤 상황 하에서나 각 정신 단계는 다음 것에 그처럼 녹아든다. 그래서 죽는 사람이 마지막으로 의식하는 식의 단계도 그 다음 생의 태아의 첫 번째 식의 단계와 녹아든다. 이는 심적 현상이지 물리적 현상은 아니기 때문에 거

---

26 식의 상태나 작용: (이하 식의 상태라고 쓰기로 한다) 영문은 mental states임. 오온 중 식온*viññāṇakkhandha*이 14가지 작용을 하고 있는 상태.
① 재연결식 ② 무의식 단계(바왕가)의 마음 ③ 다섯 감각의 문을 향함
④~⑧ 안·이·비·설·신식 ⑨ 받아들임 ⑩ 조사 ⑪ 결정
⑫ 생각-촉진 ⑬ 경험의 등록 ⑭ (숨)지는 마음[死沒心]

리는 아무런 장애도 되지 않는다. 좀 더 정확하게 말하자면, 죽는 사람이 마지막으로 의식하는 정신적 상태의 결과는 어떤 특정한 육체적 요인들과 더불어 다음 생에 태어나는 태아의 명색名色(12연기의 4번째 항목)을 이루게 된다. 이 점에 관해서는 뒤에 다시 설명할 것이다.

8장
평상시 생각-과정은 어떻게 진행되는가

앞 장에서 우리는 보통 '생각'이라는 말로 느슨하게 부르는 것이 실은 '생각-과정'이며, 그것은 17단계 혹은 17심찰나들로 구성되어 있음을 보았다. 이번 장에서는 평상시 생각-과정이 어떻게 진행되는지를 검토하고자 한다. 그 다음의 두 장에서는 죽을 때의 생각-과정이 어떻게 진행되고 태어날 때는 생각-과정이 어떻게 진행되는지를 각각 설명할 것이다.

이제 평상시 하나의 생각-과정이 어떻게 17단계 혹은 17심찰나들을 통하여 진행되는지 그 흥미로운 과정을 주석서의 설명대로 추적하여 보자. 정상적인 경우 그들이 일어나는 순서는 다음과 같다.

평상시 생각-과정의 순서

1. 과거의 무의식[過去有分 *bhavaṅga-atīta*]
2. 무의식의 동요[有分의 動搖 *bhavaṅga-calana*]
3. 무의식의 중단[有分의 斷壞 *bhavaṅga-upaccheda*]
4. 다섯 감각의 문을 향함[五門轉向 *pañcadvāra-āvajjana*]
5. 다섯 갈래의 의식[五識 *pañca-viññāṇa*]
6. 받아들임[領收 *sampaṭicchana*]
7. 조사[27][調査 *santīraṇa*]
8. 결정[確定 *votthapana*]

9~15. 생각-촉진[速行 *javana*]

16, 17. 경험의 등록[彼所緣 *tadālambaṇa*]

첫 번째 심찰나: 과거의 무의식[過去有分 *bhavaṅga-atīta*]

우리는 의식 단계의 과정이 가동하기 직전 단계부터 추적해 들어가야 한다. 그것은 의식 단계의 마음이 정지한

27 한역으로는 추도推度로 옮긴다. 영어 원문은 investigation.

상태여서 무의식 단계의 마음의 흐름이 아무 방해도 받지 않고 흐르고 있는 단계이다. 그러한 상태는 예를 들면 어떤 사람이 깊은 잠에 빠져 있어 바깥 대상이나 자극에 마음이 반응하지 않을 경우에 존재한다. 이 단계는 추적 조사를 시작하기 위해 첫 단계로 간주되는 것일 뿐 실제로는 아직 과정이 시작되지는 않은 단계이다. 이 첫 번째 단계는 깨어 있는 상태에서 의식 단계의 한 생각이 가라앉고 다음 것이 일어나기 전의 그 짧은 시간 간격 동안에도 역시 존재한다.

두 번째 심찰나: 무의식의 동요[有分의 動搖 *bhavaṅga-calana*]

이제 외부의 물체나 자극이 잠자고 있는 사람에게 모양이나 소리, 그 밖의 감각 인상(오관의 하나를 끌어당기는 어떤 종류의 자극이든지)으로 받아들여진다고 가정해 보자. 이때 무의식 단계 마음의 흐름은 방해를 받게 된다. 이것이 두 번째의 심찰나 혹은 단계이다. 이런 현상 역시 깨어 있는 상태에서 하나의 의식 단계의 마음이 가라앉고 다음 것이 일어나기 전에도 일어난다. 그때 마음은 매우 짧은 사이지만 무의식 상태에 있다. 무의식의 흐름은 이제 동요하기 시작한다('짤라나'는 흔들림 혹은 동요를 의미한다). 이때의 동요는 한 심찰나 동안 지속된 다음 가라앉는다. 이 상태를 쉐 잔 아웅은 《철학개요》 서문에서 회전 속도가 떨어져 막 넘어지려는 순간의 팽이의 흔들림에 비교하였다. 이것은 자극이나 (감각)대상이 무의식의 흐름을 막아 그 주의를 의식 단계의 마음 쪽으로 돌리도록 한 결과이다.

세 번째 심찰나: 무의식의 중단
[**有分의 斷壞** *bhavaṅga-upaccheda*]

이것은 무의식 단계의 마음의 흐름이 저지당하거나 끊기는 단계이다('우빳체다'는 단절을 의미한다). 그 결과 의식 단계의 마음이 흐르기 시작한다. 하지만 아직 그 자극물이나 감각 대상은 인식되지 않고 있다.

네 번째 심찰나: 다섯 감각의 문을 향함
[**五門轉向** *pañcadvāra-āvajjana*]

이 단계는 무의식 단계의 흐름을 저지한 대상을 의식

단계의 마음이 인식하기 시작한 첫 단계이다. 이 단계에서 다섯 감각(안·이·비·설·신)의 문 중 어느 쪽으로 자극이 들어오는지 알아내기 위해 두리번거리기 때문에 '빤짜드와라 아왓자나'라 불린다('빤짜드와라'는 다섯 개의 문을 의미하며 '아왓자나'는 향해 돌아선다는 뜻이다). 그러므로 봄, 들음, 냄새 맡음, 맛봄, 접촉의 다섯 감각 통로 중 어느 하나를 통해 오는 자극이나 대상 쪽으로 주의를 돌리게 된다. 이 단계에서는 잠을 자던 사람이 방금 깨어났기 때문에 그의 주의를 끌어당기는 무언가 쪽으로 향하지만 그것에 대해 더 알지는 못한다. 이 상황은 때때로 거미줄이 흔들렸을 때 줄을 흔든 것이 무엇인지 알아내고자 행동을 취하는 거미의 움직임에 견주어진다. 의식 단계의 마음의 활동 때문에 방해받지 않고 평온하게 흐르고 있는 무의식 단계는 거미줄 한복판에서 꼼짝 않고 있는 거미의 조용한 모습에 비교된다. 곤충이 거미집에 들어와 어느 한 줄에 얽히면 거미집은 흔들리기 시작하고, 그때부터 거미는 어느 줄에 무엇이 얽혀있는지 보려고 몸을 돌린다. 이러한 것이 정확히 다섯 감각의 문을 향하는 심찰나의 기능이다. 잠에서 막 깨어난 사람은 자극이 다섯 가지 감각의 문 중 어느 것을 통하여 들어왔는지 알아보려 한다. 모양인가 소리인가 아니면 다른 감각 인상인가? 그는 계속 두리번거린다. 그것은 아직 무언가를 낌새채는 정도이다. 만약 자극이 다섯 가지 감각 기능을 통해 야기된 것이 아니고, 생각을 통하여 내적으로 발생된 것이라면 이 단계는 '뜻[意]의 문을 향함'이라 한다. 이것은 다섯 가지 감각의 문에 포함되지 않는 색다른 과정이다. 이 생각-과정의 진행에서는 다섯 번째에서 여덟 번째까지의 심찰나가 일어나지 않기 때문에 지금 기술하고 있는 생각-과정과는 좀 다르다.

다섯 번째 심찰나: 다섯 갈래의 의식[五識 *pañca-viññāṇa*]

이제는 자극에 의해 생겨난 감각 인상과 부응하는 의식이 나타나는 단계이다('빤짜'는 다섯을 의미하며, '윈냐아나'는 의식을 의미한다). 만약 자극이 모양에 의한 것이면 안식眼識이 작용한다. 만약 그것이 소리에 의한 것이면 이식耳識이 작용한다. 이런 식으로 각 감각 기관 나름대로 특정 감각 의식이 있어서 그 감각 의식들이 작용하기 시작한다. 그러나 아직 자극에 대한 완전한 이해가 이루어진 것은 아니다. 어느 감각 문에 나타났는가를 알아차렸을 뿐이다.

여섯 번째 심찰나: 받아들임[領收 *sampaṭicchana*]

이것은 자극으로 인해 야기된 감각 인상이 제대로 받아들여졌을 때 일어나는 심찰나이다. 감각된 것이 이제 받아들여진다.

일곱 번째 심찰나: 조사[調査 *santīraṇa*]

받아들이는 기능에 뒤이어 조사하는 기능이 일어난다. 이 생각-과정은 감각 인상을 발생시킨 자극이나 대상을 조사하고 분간하는 기능을 수행한다. 받아들여진 것이 조사된다.

여덟 번째 심찰나: 결정[確定 *votthapana*]

이것은 감각 인상을 일으킨 자극에 관하여 결정이 내

려지는 심찰나이다. 조사된 것이 결정되거나 확정된다.

아홉 번째에서 열다섯 번째까지의 심찰나: 생각-촉진 [速行 *javana*]

이제 일곱 심찰나 동안 자와나, 통각統覺 혹은 촉진이라고 불리는 단계가 이어지는데 심리적으로 중요한 단계이다(임종 때에는 이들 일곱 심찰나가 다 일어나지 않고 다섯 심찰나만이 일어난다). 그것은 내적 통찰의 단계이며 그 뒤를 이어 행위가 일어난다. 이 심찰나의 심리적 중요성은 말할 수 없이 크다. 자와나란 말은 달리다, 몰아가다, 혹은 자극하다를 의미하는 빠알리어 '자와띠*javati*'에서 파생된 말이다. 따라서 이들 식識의 상태는 앞의 상태와 달리, 심찰나가 길게 지속되는데 그 주요 기능 중의 하나가 촉진하는 기능이다. 이 촉진력은 의식 단계 마음의 진행이 절정에 달했을 때 뿜어 나온다. 이 단계가 인식이 최고조에 이른 때이므로 사람은 비로소 대상이나 자극을 모든 연관 관계 속에서 충분히 의식하게 된다. 업이 선 혹은 악을 짓기 시작하는 것이 이 단계로 자유의지가 존재하는 것이 바로 이 단계이기 때문이다. 이에 비하면 다른 모든 의식 단계의 순간들은 반사 반응과 같다. 일어나야 되기에 일어나는 것이다. 자와나만이 사람이 나름대로 자유롭게 생각하고 결정할 수 있는 유일한 단계이다. 이 중대한 심찰나에는 선택의 요소가 존재하며, 이 요소가 어떤 성질의 의지를 발휘하는가에 따라 사람의 장래가 좌우된다. 만일 마음에 들어온 감각 대상이 탐욕[貪], 증오[瞋]나 미혹[癡]이라는 때[煩惱]로 더럽혀지지 않고 올바르게 사념된다면[*yoniso manasikāra* 如理作意] 조화로운 결과가 따라 올 것이다. 만일 그릇되게 사념된다면[*ayoniso manasikāra* 非如理作意] 조화롭지 못한 결과가 초래될 것이다. 이 같은 맥락의 '자와나'는 번역하기 힘든 단어임에 틀림없다. 리스 데이비스 교수는 빠알리어 사전에서, 지각 활동의 기능 중 열두 번째 단계(앞의 주 26 참조)로서의 자와나는 '가기 going'이되, 빨리 달린다는 뜻이 아니라 지적인 움직임이라는 뜻이라고 말하고 있다. 충분한 지각 혹은 통각의 단계인 것이다.

리스 데이비스 여사[28]는 자와나에 관해, 신경의 중추기능이 원심성 신경 활동을 시작하거나 신경섬유를 분포하려고 할 때 그 신경 작용 과정에 있어서 정신적 국면 혹은 그에 유사한 국면이라고 언급하고 있다. 여기서 신경섬유의 분포란 생명 유지와 체내 여러 기관들의 기능을 위해 필요한 신경 작용을 말한 것이므로 이 같은 비유가 부적당하다고 할 수는 없다. 하지만 리스 데이비스 여사는 이 단어 번역에 여러 시간을 할애한 다음에도 마땅한 말을 찾지 못해 자신은 원어를 그대로 쓸 수밖에 없다고 하였다.

쉐 잔 아웅은 앞서도 언급한 바 있는 《철학개요》 서문에서 자와나 단계를 다음과 같이 설명한다. "이제 온전한 인지認知의 통각 단계가 나타난다. 이전까지의 행위에 의해 결정되었거나 두루 통합된 대상이 통각되는, 즉 적절하게 인지되는 단계이다. 이 단계는 통상 일곱 심찰나가 걸리든가 아니면 전혀 걸리지 않는 것으로 여겨진다. 다만

---

28 리스 데이비스 여사Mrs. C. A. F. Rhys Davids: 1857~1942. 영국의 언어학자. 빠알리성전협회PTS 2대 회장 지냄. 보리수잎·여덟 《불교 이해의 정正과 사邪》, 〈고요한소리〉 주 8 참조.

예외적으로 임종 순간이나 마취, 환각, 기타 다른 특별한 경우에는 일곱 이내의 심찰나가 진행된다. 이 통각 단계에서 감각 인상을 해석하고 이 경험의 객관적 의미를 속속들이 음미한다."

열여섯 번째 및 열일곱 번째 심찰나: 경험의 등록

[彼所緣 *tadālambaṇa*]

이 단계는 이전의 생각-촉진 심찰나들의 결과로 생기는 것으로, 두 심찰나 동안 지속한다. 이 두 찰나의 유일한 기능은 생각-촉진 심찰나들에 의해 만들어진 인상을 등록하는 것이다. 이 심찰나는 의식 단계의 과정을 구성하는 데 없으면 안 되는 부분은 아니고 단지 사라져버리는 경험을 소환하는 것일 뿐이다. 만약 감각 인상이 강하지 않다면 이 심찰나들은 전혀 일어나지 않는다. '따다알람바나'는 '그 대상'이라는 뜻의 '따다아람마나'(*tad+ārammaṇa*)'[29]에서 나온 말이다. 앞 단계의 생각-촉

---

29 따다아람마나*tadārammaṇa*는 따다알람바나*tadālambaṇa*와 같은 뜻으로 쓰인다.

진과 같은 대상을 취하기 때문에 그렇게 부르는 것이며, 《청정도론》에서는 배가 상류로 거슬러 올라갈 때 잠시 배 뒤를 따라 맴돌아치는 물의 흐름에 비유하고 있다.

17심찰나에 대한 개괄

언뜻 생각하면 길게 느껴지는 이들 17심찰나들은 극소로 짧은 시간 동안 벌어지는 단 하나의 생각-과정을 구성하고 있다는 점을 잊어서는 안 된다. 이 과정의 진행은 자극의 강도에 따라 다르다. 만약 강도가 아주 클 때는 전 과정이 모두 일어난다. 강도가 보통 큰 정도면 열여섯 번째와 열일곱 번째의 등록 순간들은 일어나지 않는다. 강도가 작거나 아주 작으면 과정은 기능적으로만 작용할 뿐 온전하게 인지되지 않는 상태에 머문다.

유명한 '떨어지는 망고'의 비유

이들 17단계의 심찰나를 옛 주석가들은, 잠자던 사람이 나무에서 떨어지는 망고 때문에 잠이 깨어 그것을 먹고 다시 잠들 때까지 일어나는 17단계에 비유하였다. 예를 들어 어떤 사람이 망고나무 밑에서 머리를 덮은 채 깊은 잠에 빠져 있다고 하자. 문득 바람이 불어와 나뭇가지를 흔들자 익은 망고가 그의 옆에 떨어지게 된다. 잠자던 사람이 그 소리에 잠이 깨어 일어난다. 그러고는 떨어진 망고를 발견한다. 그는 그것을 집어 들고 검사한다. 그것이 먹음직스러운 과일임을 알게 되자 그것을 먹고 마지막 한 조각까지 삼킨 후, 머리를 덮고는 다시 잠이 든다.

이 사람의 수면 상태는 아무런 방해도 받지 않고 흐르는 무의식 단계의 마음의 흐름을 나타낸다. 바람이 나무에 와 부딪치는 것은 '과거 무의식'을 나타낸다. 잠자는 사람은 흔들리지 않는다. 계속 잠을 잔다. 무의식 단계도 이와 같다. 나뭇가지가 흔들리는 것은 '무의식의 동요'를 나타낸다. 수면이 방해를 받는다. 무의식도 이와 같다. 망고의 떨어짐은 '무의식의 흐름이 정지됨'을 나타낸다. 사람의 깨어남은 '다섯 감각의 문을 통해 주의를 기울이는 행위가 일어남'을 나타낸다. 머리 위에 덮었던 것을 벗고 망고를 보는 데 눈을 사용하는 것은 '안식眼識'을 나타내는 것으로서 이는 의식의 다섯 형태 중의 하나를 가리킨다. 과일을 집는 것은 '받아들임'을 나타내며, 그것을 검사하는 것은 '조사'를 나타낸다. 과일이 먹음직스러운 망고임을 발견하는 것은 '결정'이다. 과일을 먹는 것은 일곱 심찰나 동안의 '통각 행위(자와나)'를 나타낸다. 입안에 남은 마지막 조각을 삼키는 것은 인상의 '등록'을 나타낸다. 이 사람이 머리를 가리고 다시 잠드는 것은 무의식 단계의 마음이 아무 방해도 받지 않고 평탄하게 다시 흐르기 시작하는 것을 의미한다.

9장
임종 시 생각-과정은 어떻게 진행되는가

지금까지 우리는 살아있는 동안 정상적인 상황에서 생각-과정이 어떻게 진행되는지를 살펴보았으니 이제는 그 다음 과제, 즉 죽음을 맞는 순간 생각-과정이 어떻게 진행되는지를 별 어려움 없이 추적해 볼 수 있을 것이다. 이 과정을 이해해야만 우리는 심적 차원에서 죽음 뒤에 무엇이 일어나는지를 이해하게 될 것이다. 그 밖의 다른 어떤 방법에 의해서도 재생을 이해할 수 없다.

죽음이 육체에 미치는 영향

인간은 정신·물리적 유기체 즉 마음과 몸의 결합체[名色 *nāma-rūpa*]이다. 몸과 마음은 꽃과 향기처럼 서로 긴밀

한 결합 상태에서 공존한다. 몸은 꽃과 같고 마음은 향기와 같으며 죽음은 공존하던 양쪽의 헤어짐에 불과하다. 임종의 순간 사람의 몸과 마음[名色]은 무력하다. 죽음을 맞기 직전까지 모든 면에서 강했을지 몰라도 바로 죽음의 순간에는 힘이 없다. 왜냐하면 죽음의 순간부터 역산逆算한 17번째 심찰나부터 새로운 육체적 기능 작용이 일어나지 않기 때문이다. 이는 마치 자동차 운전자가 차를 멈추기 직전 가속 페달에서 발을 떼어내 엔진에 더 이상 추진력이 주어지지 않는 것과 같다. 마찬가지로 '업에서 생겨나는 육체적 속성*kammaja-rūpa*'들이 더는 일어나지 못하고, 그 심찰나 전 단계까지 존재했던 육체적 속성들은 (숨)지는 마음[死沒心 *cuti-citta*] 찰나까지만 존속하다가 마침내 멈춘다. 새로운 육체적 속성들이 더 이상 재생되지 않기 때문에 전체 과정은 약해지고 또 약해진다. 그것은 기름등잔에 기름이 떨어지자 사그라지는 불꽃과 같다.

마음과 몸의 결합체가 결합체로서 살아있기를 멈춘다고 해서 몸이나 마음이 파괴되거나 소멸되는 것은 아니다. 결합했던 부분들이 제각각 한 조건·상태로부터 다른 조건·상태로 시시각각 간단없이 변화해 나아간다. 이제는 두 개의 과정이 제각각 따로 진행되기는 하지만, 육체를 구성했던 부분은 한때 사람의 몸에 입혀졌었지만 이제는 버려진 낡은 옷처럼 저 혼자만의 변화 과정, 즉 천천히 부패되는 과정을 시작한다. 그러나 결코 완전히 소멸될 수는 없다. 물질은 에너지이며 없어지거나 파괴될 수 없다. 앞의 장章에서 언급한 대로 육체적 성분들은 그를 구성해 온 원소들, 즉 어떤 것은 기체로서 '공기'로, 어떤 것은 유동체로서 '물'로 그리고 나머지들은 광물로서 '흙'으로 변화한다. 이 원소들 역시 파괴되거나 없어질 수 없고 단지 그들의 형태만 바뀔 뿐이다. 인간의 육체 부분에 관한 한 변화의 과정은 이런 방식으로 지속된다.

죽음이 마음에 미치는 영향

그러면 정신 부분*nāma*은 어떠한가? 더 이상 육체와 관련이 없지만 정신 역시 육체와 마찬가지로, 한 조건·상태로부터 다른 조건·상태로 끊임없는 변화를 계속해 나간다. 생각도 물질과 마찬가지로 에너지이므로 파괴되거나 소멸될 수 없다. 앞에서 우리는 마음이 영원한 것도 고정된 것도 아님을 알았고, 하나의 단일체가 아니라 빠른 속도로 생각이 생각을 뒤따르는, 그래서 영원하고 고정된 것인 듯 착각을 일으키게 하는 생각의 연속적 흐름*santati*임을 보았다. 죽음은 이 연속적 흐름을 중단시키지 않으며, 이 과정을 계속 진행시키는 데 장애가 되지도 않는다.

생각 생각이 이어져 간다는 법칙은 죽음과 더불어 끝나는 것이 아니다. 임종의 마지막 생각-과정 중 '죽음 직전 생각-촉진 마음*maraṇāsanna-javana-citta*'이라는 마지막 심찰나는, 비록 힘이 없어 혼자서는 생각을 일으키지 못하지만 강력한 잠재력을 끌어낸다. 왜냐하면 죽어가는 마음의 문턱[識閾]을 들어서는 세 가지 강력한 생각-대상 중 하나가 죽음의 순간 나타나기 때문이다.

세 가지 생각-대상 혹은 죽음의 표시가 나타남

그때 임종자에게는 눈앞에 나타나는 이 세 종류의 생각-대상에 대해 저항할 만한 힘이 없다. 강력하게 나타나는 이 생각-대상들은 틀림없는 죽음의 표시이다. 이에 관하여는 뒤에서 다룰 것이다. 임종자의 마음은 비록 생각을 일으킬 힘이 없지만, 이들 세 가지 강력한 생각 대상 혹은 죽음의 표시 중 하나가 나타남으로써 강력하게 떠밀리거나 혹은 충동을 얻게 되어 다른 생각이 일어나는 데에 원인으로 작용할 수 있게 된다. 이때 이어서 일어나는 생각이 재생식識 혹은 재연결식識이다. 재생식이 어디에서 어떻게 일어나는지에 관하여는 차후에 다룰 예정이다.

임종 시 생각-과정은 반드시 일어난다

죽음을 맞고 있는 사람은 옆 사람이 보기에는 아무런 의식도 없는 것 같지만 그 내부에서는 이 마지막 정신적 과정이 엄연히 진행되고 있다. 이 과정은 죽음을 당하는 상황이 어떠하더라도, 그리고 아무리 갑작스럽고 뜻밖에 닥친 죽음일지라도 임종의 찰나에는 반드시 일어난다. 주석서에 따르면 사람을 갑자기 물에 빠뜨려 즉시 익사시킬 경우에도 역시 죽음 직전에는 이 마지막 생각-과정이 작용할 찰나가 있다. 모루 위의 파리가 망치에 맞아 순식간에 뭉개지는 경우도 죽음 직전 마지막 생각-과정이 작용할 틈새는 있다는 말은 그래서 나온 것이다.

생각은 에너지이다. 그것도 창조적인 에너지이다. 따라서 어떤 생각이 충분히 강력할 경우에는 어떤 특정 상황하에서 능히 창조적 원인자가 될 수 있다. 그러나 이것이 아니라도 앞에서 언급한, 그리고 후에 충분히 설명하게 될 강력한 생각-대상 혹은 죽음의 표시 중 하나로부터 그 힘을 끌어내는 마지막의 생각-촉진의 마음은 적합한 장소에서 재생식識 혹은 재연결식識을 어렵지 않게 일으킬 수 있다. 그 적합한 곳이 어디인지는 나중에 설명할 것이다.

재생을 짓는 업

여기에서 언급해 둘 것은 임종 때 나타나는 강력한 생각-대상 혹은 죽음의 표시는 다름 아닌 임종자가 평생 동안 한 행위들에 의해 조건지어진다는 점이다. 생각-대상들이란 곧 그 자신이 지금까지 행했던 행위들의 반사 영상이고 재생을 뒷받침해 주는 것도 죽어가는 사람의 과거 행위들이기 때문에, 이 중요한 시점에 작용하는 특정 형태의 업은 말 그대로 '재생을 짓는 업*janaka kamma*'이다.

이제 임종자의 이 마지막 생각-과정의 추이를 추적하는 것은 어렵지 않다. 이때의 생각-과정에는 앞 장에서 검토해 본 평상시 생각-과정에서의 여러 단계가 다 포함되지는 않는다.

임종 시 생각-과정의 순서

1. 과거의 무의식[過去有分 *bhavaṅga-atīta*]
2. 무의식의 동요[有分의 動搖 *bhavaṅga-calana*]
3. 무의식의 중단[有分의 斷壞 *bhavaṅga-upaccheda*]
4. 뜻[意]의 문을 향함*manodvārāvajjana*
5. 죽음 직전의 생각-촉진 혹은 마지막 생각-촉진의 마음*maraṇāsanna javana citta*
6. 경험의 등록*tadālambaṇa*
7. (숨)지는 마음[死沒心 *cuti-citta*]
8. 다음 생에서 일어나는 재연결식識 혹은 재생식 *paṭisandhi viññāṇa*

1. 과거의 무의식

평상시의 생각-과정을 추적했을 때 했던 것과 동일한 설명이 여기에도 적용된다. 여기에서도 우리는 죽음의 과정이 의식 단계의 마음에서 가동하기 바로 직전 단계부터 추적을 시작하자. 이것은 무의식 상태의 마음으로서, 수면 상태이거나 혹은 의식 단계 마음에서 하나의 의식적 생각-과정이 멈춘 뒤 다음 것이 시작되기 직전의 상태를 말한다. 이 상태에서는 아직 생각-과정이 실제로 시작된 것이 아니지만, 추적을 시작하는 기점으로 삼기 위해 이 단계를 첫째 단계로 간주하는 것이다.

2. 무의식의 동요

3. 무의식의 중단

평상시의 생각-과정에서 이 두 단계에 대해 했던 설명이 여기에도 적용된다. 여기서도 역시 앞의 단계 즉 무의식의 동요 단계는 어떤 자극이 임종자의 마음속에서 흐르는 무의식의 흐름을 교란시키거나 동요시키는 원인으로 작용하는 데 그친다. 그 다음 단계, 즉 무의식의 중단 단계에서는 자극이 지속됨에 따라 무의식의 흐름이 완전히 저지당한다. 죽어가는 사람은 아직 작용하고 있는 자극을 인식하거나 이해할 수 없다. 이 자극은 다름 아닌 바로 세 가지 강력한 생각-대상들, 혹은 죽음의 표시 중 하나이다. 이에 대해서는 나중에 자세히 설명하게 될 것이다.

4. 뜻[意]의 문을 향함

평상시의 생각-과정을 살필 때에 '다섯 감각의 문을 향함'이라는 단계에 대해서 언급한 바 있다. 이 단계는 듣고, 보고, 냄새 맡고, 맛보고, 접촉하는 다섯 감각 통로 중의 어느 하나를 통하여 자극이 인식될 수 있을 때 일어난다. 반면 임종 시의 생각-과정의 경우, 다섯 감각의 문을 향하는 단계는 대개 일어나지 않는다. 왜냐하면 임종자의 무의식을 교란시키는 자극은 외적인 것이 아니고 생각이나 기억 등 사실상 내적인 것이며, 뜻[意]이라는 통로를 통하여서만 인식될 수 있기 때문이다. 따라서 이 단계를 여기서는 '뜻의 문을 향함'이라 부른다.

5. 죽음 직전 혹은 마지막 생각-촉진의 마음

이제 생각-촉진이라고 하는 심리적으로 중요한 단계가 온다. 평상시의 생각-과정을 살피면서 이 단계에 대해 언급한 모든 것이 여기에도 적용되지만, 임종이 박두했기 때문에 이 단계가 일곱 심찰나를 다 채우지 않고 다섯 찰나만 지속한다는 점이 다르다. 여기서 잊지 말아야 할 것은, 앞에서 이야기한 대로 임종을 맞은 사람은 무력하기 때문에 혼자 힘으로 생각을 하지 못한다는 점이다. 죽어가는 사람에게는 세 가지 종류의 강력한 생각-대상 혹은 죽음의 표시 중 하나가 나타나 무의식의 조용한 흐름을 방해하고 이를 가라앉게 하여 의식 단계의 마음이 일어나게끔 유도한다. 이렇게 일어난 의식 과정이 방금 기술한 무의식의 동요, 무의식의 정지, 그리고 뜻[意]의 문을 향하는 단계를 거친 다음, 생각-촉진이라는 중요한 단계에 도달하게 된다. 의식 단계의 마음이, 자신을 일깨운 자극을 이해할 수 있는 능력을 충분히 갖추게 되는 것은 바로 지금 단계이다.

강력한 생각-대상 혹은 죽음의 표시에 대한 설명

지금까지 임종자의 마음 문턱[識閾]에 나타난다고 설명해 온 세 가지 자극은 하나같이 강력한 것이다. 이때의 생각-대상은 죽음 직전 생각-촉진 마음의 생각-대상이 될 뿐만 아니라 다음 생의 재연결식識의 생각-대상이 되며, 또한 다음 생의 무의식 단계 마음의 생각-대상이 된다. 이 가운데 나중 두 가지의 식識의 상태는 의식 단계의 것이 아닌 무의식 단계의 것이지만 역시 존재하기 위해서는 생각-대상을 필요로 한다. 그들은 앞 생의 최종 생각-촉진 때에 품었던 특정의 생각-대상, 즉 세 가지 죽음의 표시 중 하나를 그들의 생각-대상으로 취한다. 그러므로 죽기 전 마지막 의식 단계의 생각이 취했던 생각 대상이 새로운 생에서의 첫 생각의 생각 대상이 된다. 그렇게 하여 삶의 과정은 계속 이어지게 되니 … 한 생각은 다음 생각을 낳고, 하나의 생 뒤에도 다른 생을 낳으며 계속된다. 여기서 잊지 말 것은 생각이 에너지라는 사실이다. 생각은 없어지거나 파괴될 수 없다. 생각은 계속 결과를 낳으며, 그 결과들은 다시 그 자신의 결과들을 낳게 되는데 그것이 반드시 동일한 차원의 계界에 국한되어야 할 까닭은 물론 없다. 이리하여 존재의 연속성은 유지된다.

임종자의 무의식 단계를 교란시키며 최종 단계에 나타나는 생각-대상은 우연히 머릿속에 떠오르는 것도, 임종자가 선택한 것도 아니다. 이 최종 단계에서는 자기 스스로 생각을 끌어낼 수 없기 때문이다. 그것은 앞서 언급한 대로, 다름 아닌 오직 죽어가는 사람 자신이 평생 지은 행위에 의해서 조건지어질 뿐이다. '재생을 짓는 업'의 작용에 의해 임종자가 과거에 행한 어떤 강력한 행위의 기억이 마음에 솟구쳐 올라 마지막 생각, 즉 죽음 직전 생각-촉진 마음의 생각-대상을 구성한다. 그 뒤에 이어 일어나는 생각은 이 마지막 생각의 성질에 따라서 결정된다. 의식 상태에서든 무의식 상태에서든 어떤 생각도 생각-대상 없이는 기능할 수 없다. 죽음의 단계에서 일어나는 생각-대상 혹은 죽음의 표시는 다음 세 가지 가운데 하나이다.

(1) 업*kamma*

아무리 갑작스럽게 죽음을 맞고, 또 죽는 찰나 아무리 주변 환경을 의식하지 못한다 해도 죽음 직전에 행한 중요하고 비중 있는 행위에 대한 기억이 선한 것이든 악한 것이든 그에게 다가온다. 그런 행위, 즉 죽음이 다가왔을 때 행하게 된 행위는 아아산나 깜마*āsanna-kamma*라고 한다. 죽음의 시간은 미리 알 수 없으므로, 대부분의 경우 죽음이 임박했을 때 아주 선한 행위를 행하기는 쉽지 않다. 따라서 죽음 직전의 두드러진 선행이나 악행이 없을 경우에는 과거에 습관적으로 해온 행위의 기억이 떠오른다. 이 행위가 아아찐나 깜마*āciṇṇa-kamma*, 즉 몸에 밴 행위 혹은 습관적 행위라는 것이다. 죽음 직전의 행위 혹은 습관적 행위를 이행할 때 경험했던 도덕적 혹은 비도덕적 의식이 바야흐로 죽음의 찰나, 의식에 새삼스럽게 떠오른다.

(2) 업의 상징*kamma nimitta*

때로는 임종자에게 나타나는 기억이, 앞서와 같이 자신이 지은 행위를 기억하는 형태로서가 아니라 그가 행한 행위를 상징하는 어떤 형상을 기억하는 형태로 떠오를 수도 있다('깜마'는 행위를 의미하며, '니밋따'는 상징이나 표시를 뜻한다). 그래서 백정의 눈앞에는 칼이, 술고래의 눈에는 술병이, 순례자에게는 사원이 보이는 수가 있다. 이것들은 마음의 눈을 통하여 보인다. 즉 육체의 눈을 통해서가 아니라 마음의 통로를 통하여 보인다.

(3) 재생의 표징*gati nimitta*

임종자의 마지막 생각-대상은 그가 다시 태어나게 될 곳에 대한 어떤 징후나 예측일 수 있다. 그러므로 지옥에 태어나게 되어 있는 사람의 마음의 눈에는 불이 나타날 수 있으며, 천신의 세계로 갈 사람은 아름다운 꽃이나 궁전을 볼 수 있다. W. T. 에반스-웬츠 박사는 《티베트 사자의 서*The Tibetan Book of the Dead*》[30]에서 임종 때 자신의 장래 운명을 예고하는 환상을 본 사람들의 사례를 언급하고 있다. 스리랑카나 그 밖의 지역에서 임종자가 자신이 경험한 환상에 관해 간혹 언급했다는 사실들은 잘 알려져 있다. 실제로 칼루따라(스리랑카)에서 죽어가는 열두 살

---

30 《티베트 사자의 서》: 원제는 《바르도 퇴돌*The Bardo Thödol*》. 8, 9세기경 파드마삼바바가 인도와 티베트의 불교도를 위해 쓴 책으로, 죽은 사람이 죽음과 재생 사이의 중간계(티베트어로는 '바르도')에서 경험하게 되는 다양한 상황에 대한 묘사로 이루어져 있음.

소녀가 슬픔에 잠겨 침대 맡에 서 있는 부모를 향해 화려하게 장식한 꽃마차가 자기를 데리러 와 있다고 즐거운 듯이 말한 일이 있었다.

6. 경험의 등록*tadālambaṇa*

'죽음 직전의 생각-촉진 마음' 단계 다음에 죽음 과정의 또 한 단계 즉 '경험의 등록' 단계가 일어나는데 이 단계 역시 앞서 설명한 그대로이다. 받아들인 인상의 경험을 등록하는 데 그칠 뿐이며 심리적으로 크게 중요하지는 않다. 경험의 등록으로부터 어떤 결과가 초래될 일은 없다.

7. (숨)지는 마음[死沒心, 死心 *cuti-citta*]

이것은 현생에서 경험되는 마지막 생각이다('쭈띠'는 사라짐 혹은 죽음을 의미한다). 임종자는 이제 마음속으로 죽음을 알고 있다. 이때 죽음을 알아차리는 경험을 하는 것은 의식 단계의 마음이 아니다. 그것은 무의식 단계의 마음이다. 이는 금생에서의 마지막 무의식 단계 생각으로서, 그 생각-대상은 곧 다음 생에서 첫 번째 무의식 단계 생각의 생각-대상, 즉 금생과 연결시키는 재연결식識의 생각-대상이 된다. '(숨)지는 마음' 역시 심리적으로 그다지 중요하지 않다. 그것은 아무런 업과도 가져오지 않는다. 그것은 '마음의 떠남'일 뿐이다. 따라서 마지막 생각으로 간주되는 것은 '(숨)지는 마음'이 아니라 5항에서 설명한 '죽음 직전의 생각-촉진 마음'이다.

8. 재연결식*paṭisandhi viññāṇa*

생각-과정의 다음 단계는 (이제는 임종자의 마음에서 일어나는 것이 아니지만) 아주 중요한 단계인 재연결식relinking consciousness 혹은 재생식의 단계이다. 우리가 더 이상 마음을 영원불변한 것으로 보지 않게 되면, 하나의 생각-과정이 설혹 같은 인격체 내에서가 아니라 해도 다른 생각-과정으로 이어지는 과정을 이해할 수 있게 된다. 그리고 마음을 (실상 그대로) 식識의 상태의 연속 혹은 열列로 보게 되면, 한 생에서의 어떤 식의 상태가 어떻게 다른 생에서의 다른 식의 상태를 야기할 수 있는지 상상하기 어렵지 않다. 다음 생에서의 재연결식識을 일으키는 것은 죽음 직전 생각-촉진 마음이라 알려진 임종자의 최종 식의 상태이다.

빠띠산디 윈냐아나는 항용 재연결식識으로 번역되는데('빠띠산디'는 글자 그대로 '재접합'을 의미함), 현생을 내생과 연결시켜주므로 적절한 역어일 듯싶다. 실제로 양쪽 식의 상태의 생각-대상이 동일한 것은 이 재연결식 때문이다. 바꿔 말하자면 마지막 죽어가는 생각의 생각-대상이, 그 생각-대상의 결과로 초래될 재연결식의 생각-대상이 되는 것이다. 재생 과정을 이해하기 위해서는 반드시 재연결식을 철저히 이해해야만 한다. 첫째, 재연결식識을 일으키는 것은 '(숨)지는 마음[死心]'이 아니고 그에 선행하는 '죽음 직전 생각-촉진 마음'임을 이해해야만 한다. '지는 마음'은 무의식 단계의 마음인 데 반해 마지막의 '죽음 직전 생각-촉진 마음'은 의식 단계의 마음이다. '지는 마음'이 재연결식을 일으킨다고 보는 견해도 있지만 옳지 않다. 왜냐하면 앞에서 이야기한 대로, '지는 마음'은 단지 등록하는 역할만을 하고 결과를 가져올 어떤 활동적 기능도 수

행하지 않기 때문이다. 임종 과정에서 그것은 마지막 생각이긴 하지만 무의식 단계의 생각이다. 단지 죽는다는 것을 알았음을 등록하기만 한다. 변화의 법칙, 생성의 법칙, 연속성의 법칙, 작용과 반작용의 법칙 그리고 인력의 법칙에 따라 마지막의 죽음 직전의 생각-촉진 마음은 강력한 마지막 생각-대상 혹은 죽음의 표시 중의 하나를 그 생각-대상으로 받아들이며, 방금 언급한 것과 같은 법칙들의 작용에 의해 재연결식識 즉 다음 생의 핵을 구성하는 무의식 형태의 어떤 생각을 일으킨다.

임종자의 죽음 직전 생각-촉진 마음이 재연결식을 일으킨다고 할 때, 우리는 앞의 식의 상태가 원인적 요소가 되어 뒤의 식의 상태를 일어나게 한다는 것을 깨달아야 한다. 그런데 그처럼 중요한 결과가 일어나도록 하기 위해서는 필수적으로 원인적 요소도 그만큼 강력해야 한다. 그 잠재력의 근원을 조사해 보자.

마지막 죽음 직전 생각의 잠재력

우리는 강렬한 생각은 창조력을 지니게 된다는 사실을 알고 있다. 앞부분에서 인용했던 《법구경》의 첫 구절은 마음의 우월성*manoseṭṭhā*과 모든 것이 마음에서 나왔다는 사실*manomayā*을 말하고 있다. 《생각은 물체이다*Thoughts are things*》라는 책에서 앳킨슨은 〈창조적 사고〉라는 제목에 한 장章을 할애하면서 "과학은 안의 것이 밖으로 드러나려는, 보이지 않는 것이 보이는 것으로 되려는, 표출되지 않은 것이 표출되려는 끊임없는 노력이 존재한다는 사실을 알고 있다. … 생각은 행위로 형상화되려 애쓴다. 생각은 자신을 물체화 시키려 끊임없이 애쓰는 것이다."라고 말하였다.

생각이 가지고 있는 이러한 고유의 창조 능력은 별 문제로 하더라도, 죽음 직전의 생각은 임종자로서의 마지막 능동적 생각이다. 그러므로 우리는 당연히 마지막 생각이 가장 강렬할 것이라고 예상할 수 있다. 경주에서 달리기

선수의 마지막 역주力走는 그가 지닌 최대의 힘을 보여준다. 과일 나무가 죽게 되면 그 마지막 결실기에 가장 많은 소출을 낸다고 한다. 어떤 힘이나 능력이 최고, 최대로 발휘되는 것은 마치 죽음을 앞두고 들려오는 백조의 노래처럼 그 자체의 붕괴 소멸이 다가왔을 때이다. 존재에 대한 욕구*taṇhā*는 인간의 모든 활동을 받쳐주는 가장 지배적인 동기이므로 죽음의 찰나에 무섭게 강해져 움켜쥐려는 자세(정신적으로)를 취한다. 부처님의 말씀처럼(이것도 이미 앞에서 인용되었다), 죽음의 찰나 이 지배적인 '딴하'는 움켜쥐는 힘*upādāna*이 되어 자신 쪽으로 다른 존재를 끌어당기게 된다. 이 움켜쥐는 힘을 싣고 있는 것이 바로 마지막 생각 과정인 것이다.

심리학에 의하면 잠들기 전 마지막 생각은 매우 강력하여 다음날 아침 깨어날 때의 첫 번째 생각에 영향을 준다고 한다. 누구나 경험하는 일이지만 새벽 기차를 타고 싶을 때, 시간에 맞춰 일어날 것을 잠들기 직전에 암시해두면, 아무리 늦잠 버릇이 몸에 밴 사람도 틀림없이 그 시간에 일어나게 된다. 낭시의 유명한 치료사 에밀 꾸에Emile Coué가 환자 치료 과정에서 자기 암시를 통해 긍정적 자세를 가지게 하는 데 성공을 거둔 것은 암시 요법이 환자들의 취침 바로 전에 시술되었기 때문이다. 무엇이든지 이 시간에 암시되는 것은 강력한 효과를 낳는 경향이 있다. 마음은 이 시간이 되면 암시를 아주 잘 받아들이게 되는 것이다. 콜린스(에딘버러 대학의 강사)와 드레버(에딘버러 대학의 교수)는 공저 《심리학과 실제 생활*Psychology and Practical Life*》에서 "자연적 피암시성은 어떤 조건이 갖춰지면 증진된다. 넓은 의미의 최면 상태hypnoidal-수면과 각성의 중간 상태, 수면 상태, 최면 상태로 분류되는 모든 상태-에서는 피 암시성이 매우 높다."라고 기술하고 있다. 또한 가까운 시일 내에 외과 수술 목적으로 환자 마취에 최면을 사용하게 될 것이라는 말도 하고 있다.

이와 같이 잠들기 직전은 강력한 무의식 단계의 마음이 활동할 시간과 아주 가까울 뿐만 아니라 마지막 의식적 생각과 잠이 유도하는 무의식 단계의 마음 사이에 끼어 들 수 있는 것도 거의 없기 때문에 잠들기 전 마지막 생각에는 거대한 창조적 가치와 창조적 잠재력이 존재한다는 것이 인정되고 있다. 따라서 잠들기 전의 마지막 의식적 생각이 잠에서 깨어났을 때의 첫 번째 생각이 되므로 같은 논리에 따라 죽음의 잠 직전의 마지막 의식적 생각이-마지막 죽음 직전의 생각-촉진 마음-그가 깨어나게 되는 다음 생의 첫 번째 생각, 재연결식識이 된다고 하면 너무 지나칠까?

임종자의 마지막 생각은 순전히 집중된 에너지 덩이인데 그런 에너지가 사람이 죽는다고 사라질 리 없다. 그것은 창조적 에너지로서 어딘가에 그 자신을 드러내게 되어 있다. E. R. 로스트 박사는 다음과 같이 말했다.

> **그러므로 존재가 죽었을 때, 뇌 속에 갇혀 있던 의식으로 대표되는 모든 힘들은 허공 속으로 사라지지도 흩어져 없어지지도 않는다. 이생에서 생명의 개울 속을 의식의 연속이 끊이지 않고 흐르고 있듯이 죽음에도 내내 그 생명의 개울의 흐**

름이 있다. 또 이 생명의 개울이 기능면에서 직분을 다하자면 존재의 진화 선상에 알을 깔 자리를 찾아야 하듯이 임종자의 마지막 생각은 주관적인 면에서는 객관적 기반의 형성을 필요로 한다.

《의식의 성질*Nature of Consciousness*》 1930

이러한 논거를 불교에 적용시켜 보면, 앞서 언급한 세 가지의 강력한 생각-대상 혹은 죽음의 표시 중 하나를 그 대상으로 받아들이게 된 이 유력한 마지막 생각은 이제 엄청난 창조력을 지니게 된 것으로 봄이 마땅하다. 또 마지막 생각의 기능은 새로운 존재의 준비란 뜻으로 '아비나와 까아라나*abhinava kāraṇa*'라고 부른다. 강력한 생각-대상 혹은 죽음의 표시 중 하나가 임종자의 마음 앞에 나타나는 것은 이 준비를 이행하기 위해서이다. 마지막 생각이 이 특별한 생각-대상을 받아들이고 나서 가라앉을 때, 동시에 내생에 마지막 생각의 생각-대상과 동일한 생각-대상을 지니는 재연결심心[31]이 일어난다. 이 재연결심은 일종의 정신적인 것이므로 육체라는 짝과 결합해야만 일어날 수 있는 게 보통이다. 따라서 재연결심은 모태에서 일어나게 되는데-아무 어머니의 자궁에 들어가서가 아니라-반드시 알맞은 환경의 알맞은 어머니의 자궁에, 특히 금생에 영위했던 삶의 형태에 어울리는 모태 속에서 일어나게 된다. 사람은 하나의 명색, 즉 몸과 마음의 결합체이므로 다시 태어난 사람 역시 몸과 마음의 결합체이다. 그렇기는 하나 사람이 정신만 있고 몸이 없는 영의 세계에 태어나지 못할 이유는 없다. 그 경우에도 재연결심은 일어난다.

이상으로 재생 현상을 일어나게 하는 것은 앞의 각 장에서 다룬 기본 법칙 혹은 원리들, 즉 변화, 생성, 연속성, 인과因果 그리고 인력引力의 법칙들의 복합적 작용임을 알 수 있을 것이다. 냐나지와꼬 스님이 《쇼펜하우어와 불교 *Schopenhauer and Buddhism*》(The Wheel, No. 144~146, BPS)에

---

31 재연결심*paṭisandhi citta*: 저자는 여기서 재연결심*paṭisandhi citta*이라는 단어를 쓰고 있는데 본문에 나오는 재연결식*paṭisandhi viññāṇa*과 특별한 의미 차이를 두지 않고 쓰고 있다.

서 그의 견해 대부분이 매우 불교적이라고 지적한 바 있는 독일 철학자 쇼펜하우어는, "인간의 운명을 결정하는 모든 신비한 힘들은 (실제로는 우리 자신으로부터 비롯된 것들이지만) 죽음의 찰나 모두 함께 나와 활동을 시작한다."고 말했다. 이 신비한 힘들이란 다름 아닌 앞서 언급한 기본 법칙들이다. 그것은 자연의 법칙으로, 우리가 이해하지 못할 때에만 신비한 채로 있다. 재생을 일으키는 것은 그들의 종합적 작용이다. 그러므로 재생은 이들 자연법칙의 작용으로 생기는 자연스러운 결과일 뿐이다.

10장
탄생 시 생각-과정은 어떻게 진행되는가

불교 심리학에 따라 임종 때의 생각-과정을 살펴보았으니 이제는 태어날 때의 생각-과정에 주의를 돌려보자. 이미 앞의 8장과 9장, 〈평상시 생각-과정은 어떻게 진행되는가〉와 〈임종 시 생각-과정은 어떻게 진행 되는가〉에서 기술한 여러 정신 상태에 비추어 보면, 태어날 때의 생각-과정은 많은 설명 없이도 쉽사리 추적될 수 있다. 즉 이 과정에서 일어나는 정신 상태는 이미 다 검토를 마친 셈이다. 태어날 때 밟게 되는 생각-과정은 다음과 같이 다섯 단계로 되어 있다.

1. 재연결식*Paṭisandhi viññāṇa*
2. 무의식 단계의 마음*Bhavaṅga citta*
3. 뜻[意]의 문을 향함*Manodvāra āvajjana*

4. 생각-촉진*Javana*

5. 무의식 단계의 마음*Bhavaṅga citta*

1. 재연결식識

앞 장章에서 임종 때의 생각-과정을 가리키는 것으로 열거된 정신 상태 중 마지막 상태 즉 재연결식이 임종자의 마음에서 일어나는 상태가 아닌데도 거기서 언급된 이유는 다른 정신 상태들이 이 재연결식과 함께 하나의 연속과정을 형성하기 때문이다. 이 재연결식은 다시 태어난 자의 마음, 아니 좀 더 정확하게 말하자면 아직 세상 밖에 나오지 않은 태아의 마음에 일어난다. 사실상 부모의 정자세포 및 난자세포와 결합하여, 적당한 모체의 자궁에 태아를 창조하는 것은 바로 이 재연결식識 형型의 정신적 에너지이다. 다시 말해 적당한 모체의 자궁에서 새로운 몸과 마음의 결합, 즉 새로운 명색의 세포핵이 생기도록 하는 것은 바로 이 재연결식 혹은 재생식識이다. 따라서 태아는 곧 마음과 몸의 혼합체다. 부모의 정자와 난자 세포는 태아의 육체 부분을 만들어내지만 재연결식은 정신 부분을 제공한다. 죽는 생명을 새 생명과 연결시키는 것은 이 재연결식인 것이다. 그것이 연결 고리가 되는 이유는 그것이 임종자의 죽음 직전 생각-촉진 마음의 결과이고 또 동일한 생각-대상을 취하기 때문이다. 하나의 생각이 다음 생각을 일으키는 과정은 결코 그칠 줄 모르고 계속된다. 죽는 찰나의 마지막 의식도 이 과정에 예외가 되지 않는다. 같은 몸에서는 아닐지라도 역시 다음 생각을 일으킨다. 새로 생긴 생각이 재연결식이다. 재연결식은 단지 한 찰나만 지속되고, 무의식 단계의 마음이 그 뒤를 잇는다.

2. 무의식 단계의 마음

최초의 재연결식識 뒤에는 무의식 단계의 마음이 이어지는데 16심찰나 동안 지속된다고 한다. 아직 밖에 나오지 않은 이 존재는 태아기 동안 모체의 일부이기 때문에 보통은 외부 세계와는 접촉할 수 없다. 그러므로 태아의 마음속에 계속해서 잔잔히 흐르는 것은 무의식의 흐름이다. 이제 막 생명이 시작된 만큼 식의 상태가 충분히 성숙되지는 못했다. 이 부분에 관하여 쉐 잔 아웅은《철학개요》의 부록에서 다음과 같이 기술하고 있다. "불교에 의하면 생명이 잉태되는 순간, 과거생의 '재생을 짓는 업'의 결과에 따라 육체적 성장이 시작됨과 동시에 선천적인 마음이 주어진다. 잉태 순간 태아의 마음은 순수 상태의 잠재의식일 뿐이며 그것은 한층 성숙된 '무의식 단계의 마음'이 꿈 없는 숙면에 들어 있는 상태와 같은 것이다.

3. 뜻[意]의 문을 향함

앞에 기술한 대로 무의식 단계의 마음은 16심찰나 동안 지속하고는 가라앉는다. 이어 '뜻의 문을 향함'이라는 식의 상태가 뒤따른다. 무의식의 성격을 띤 태아의 의식 상태는 태아의 마음속에서 새로운 삶을 향해 일어나는 욕망 탓으로 의식 단계의 마음으로 대체된다.

4. 생각-촉진

'뜻의 문을 향함'이라는 식의 상태가 가라앉은 다음에는 생각-촉진의 상태가 일어난다. 그것은 뜻의 문을 통로로 하여 일어난 생각, 즉 새로운 존재에 대한 욕망을 더욱더 진행시킨다. 이들 '생각-촉진'은 새 생명의 마음속에 새로이 존재하고자 하는 욕망을 발전시킨다. 이것은 일곱 심찰나 동안 지속된다.

5. 무의식 단계의 마음

일곱 생각-촉진 심찰나들이 일어났다가 가라앉고 나면, 무의식 단계의 마음의 잔잔한 흐름이 다시 일어난다.

이것은 어떤 일이 일어나 방해하지 않는 한 계속 조용히 흘러가며, 방해가 일어나는 일은 거의 없다. 드디어 태아가 세상 밖으로 나와 독립적인 존재가 되면 외부 세계와의 접촉이 시작된다. 그 다음에는 평상시의 생각-과정이 뒤따른다.

11장
태어남에 대한 생물학적 설명과 불교적 설명

물질과학은 생명 탄생을 눈에 보이는 것, 즉 금생이라는 시간대에 한정시켜 물질에 준거하여서만 설명하려고 한다. 그래서 생물학자는 아버지의 정자세포와 어머니의 난자세포의 결합이 어린아이의 탄생을 가져오고, 어린아이의 부모나 조상의 육체적·정신적 특성이 어린아이의 특성을 좌우한다고 말한다. 정신적·심적 요소에 대해서 침묵해온 생물학은 유전과 환경 두 가지만을 영향력 있는 원인 요소로 이해한다. 그런데 이것이 충분히 만족할 만한 설명인가. 같은 부모 같은 환경에서 태어난 두 형제의 경우를 생각해 보자. 어째서 한 아이는 태어날 때부터 약질이고, 다른 아이는 튼튼하고 힘이 세며 건강할까? 같은 형제라도 출생 시기가 다른 만큼 어머니의 건강 상태가 달랐다는 설명이 가능할지 모른다. 그러면 같은 유전, 같은 환경, 같은 시기에 태어난 쌍둥이의 경우를 생각해 보자. 그 두 쌍둥이 사이에 흔히 드러나는 육체적·정신적 차이를 어떻게 설명할 것인가? 태어날 때부터 배꼽이 서로 붙어 있었던 저 유명한 태국의 쌍둥이 장Chang과 엉Eng의 경우를 생각해 보자. 이들 쌍둥이는 유전과 환경이 완전히 똑같았던 경우이다. 그들이 런던에 온 다음의 행동을 조사한 전문가들의 보고에 의하면, 그들은 성질이 전혀 달라 장은 알코올 중독되어 있었고 엉은 금주주의자禁酒主義者였다.

동서양을 막론하고 부모뿐 아니라 조상 중에 그런 성향을 나타낸 사람이 없는데도 종종 놀라운 신동들이 태어난다는 것은 잘 알려진 사실인데, 그런 신동의 경우를 유전과 환경만으로 다 설명할 수 있을 것인가? 이러한 이유들 때문에 생각이 있는 사람이라면 유전과 환경 이외에도 어떤 작용 요인이 있는 게 아닐까 생각하게 된다. 인간과 같은 극도로 복잡한 정신·물리적 유기체가 부모의 정자세포, 난자세포라는 순전히 신체적 인자의 결합만으로 나타날 수 있다고 기대하는 것은 잘못이다. 아이가 태어나는 것은 제3의 요인, 즉 심적 요인이 끼어듦으로써만 이 가능하다. 심지와 기름만으로는 등불이 켜질 수 없다. 어디로부턴가 불이 옮겨올 때, 심지와 기름의 작용은 불꽃을 내게 된다. 하나의 식물은 씨앗과 흙으로만 만들어진 산물이 아니다. 외부의 근원으로부터 다른 요소, 즉 햇빛이 와야 한다. 이와 유사하게 순전히 물리적인 두 개의 요소-부모의 정자와 난자-의 결합은 마음과 물질의 결합인 태아를 형성할 가망이 없다. 정신·신체적 유기체인 태아를 낳기 위해서는 심적 요소가 두 신체적 요소와 결합해야 한다.

다음으로 생물학은 태아의 성性이 결정되는 과정을 어떻게 설명하는가?[32] 태아는 부모의 유전자라고 알려진 것

---

32 다음의 설명은 최근 생물학의 이론과 맞지 않는 부분이 있을 수 있음을 밝힌다. 이 글이 쓰인 이후 생물학 분야는 크게 발전하고 있으며, 성 결정에서 일어나는 여러 가지 문제는 유전자 결합으로 인한 것으로 알려지고 있다. 그러나 '왜 유전자 결합이 일어나게 되는가' 하는 문제는 여전히 남아 생물학적 설명의 한계를 드러내고 있다.

으로부터 그 특징을 이어받는 것으로 되어 있다. 또 태아의 염색체는 모친과 부친의 염색체가 같은 비율로 구성되며, 성은 염색체가 어떻게 결합하는가에 따라 결정된다고 한다. 남성 세포는 항상 하나의 X염색체와 하나의 Y염색체를 담고 있다. 반면에 여성 세포에는 항상 두 개의 X염색체가 들어 있다고 한다. 수태가 되는 순간 남성 정자세포는 여성 난자세포와 결합하여 완전히 새로운 세포가 형성되며 그것이 나중에 태아가 된다. X염색체와 Y염색체가 서로 결합하면 대개 남성 세포가 되는데 어쩌다가는 서로 결합하여 여성 세포가 되어버린다. 생물학은 이처럼 다르게 나타나는 결합을 설명할 수 있을 것 같지 않다. 신체적 측면만 따져서는 결코 속시원한 원인 규명이 이뤄질 수 없다.

피츠버그 대학의 생물학 교수 피터 그레이가 편찬한 《생물학 백과사전*Encyclopaedia of the Biological Sciences*》(1968)에는 〈유전학〉이라는 제목으로 꽤나 긴 논문이 실려 있고, 마지막 문단의 결론에는 다음과 같은 의미 있는 문장이 포함되어 있다.

유전자 활동을 설명한 그림의 상당 부분은 물론 가설에 지나지 않으며 상세히 밝혀져야 할 일로 남아 있다.

에딘버러 대학의 발생학자이며 동물 유전학 교수인 C. H. 웨딩톤의 저서 《현대 세계를 위한 생물학*Biology for the Modern World*》(1962)의 〈성과 재생산〉 장章에는 다음과 같은 글이 있다.

이들 염색체들은 발생 단계의 유기체 내에 생성되는 호르몬의 형태를 좌우한다. XX구성을 갖는 생물은 여성호르몬을 생산한다. 반면에 XY염색체의 존재는 남성 호르몬을 유도한다. 이런 체계에서 남녀라는 기본 잠재성 가운데 어느 쪽에 나타나게 될 것인가를 결정하는 차이점은 인간 신체 내 가장 신뢰할 만한 메커니즘 중 한 작용에, 즉 배세포胚細胞가 형성되는 순간 두 쌍의 염색체가 분리하여 한 쌍을 이루는 작용에 달려 있다. 하지만 아주 드물게 그 메커니즘이 잘못 진행되는 수가 있다. … 인간 염색체를 조사하는 기법은 성염색체의 이상 상태가 언제 확정되는지를 규명할 정도로 정교해지긴 했지만, 그것도 최근에 와서의 일이다. 그러므로 우리는 겨

우 그 같은 이상異狀을 탐색하는 작업의 초기 단계에 와 있을 뿐이다.

웨딩톤 교수는 배세포가 형성될 때 염색체 쌍들이 분리되어 단일 염색체가 되는 것을 몸에서 일어나는 가장 확실한 메커니즘의 하나로 이야기하고 있으나 동시에 그 메커니즘이 잘못되는 일도 드물지 않음을 부득이 시인하지 않을 수 없었다. 염색체 비율이 남성 태아가 생겨야 마땅한 형태인데도, 생겨난 것은 남성 태아가 아닌 일이 가끔 있었다. 또 이와 유사한 경우로, 때로는 어떤 여성 태아에 있어서 염색체 비율은 제대로인데도 유전적으로 다른 결과가 오는 수가 있다. 그러므로 의대 교수 4인이 합동으로 출판한 《내과의사 편람*Physician's Handbook*》(1958년, 크룹, 쉬워쯔, 자웨쯔, 비글리에리 교수)의 〈염색체적 성 결정〉 장에서 다음과 같은 중요한 문장이 나온다.

아직은 염색체적 성과 유전자적 성을 같은 것으로 볼 수 없다.

앞에서 언급한 웨딩톤 교수의 저술 머리말에서, 한때 철학교수였던 사바팔리 라다크리슈난은 다음과 같이 쓰고 있다.

과학자는 진리의 충직한 종이다. 그는 자연의 세계를 다루기 때문에 과학적 연구 노력 과정에서 인간 정신의 역할을 간과하기 쉽다. 하지만 우리가 속해 있는 이 자연계 말고는 아무것도 없다고 믿는다면 그는 내면적 공허감, 불안감, 의식 분열로 고통받게 될 것이다. 인간은 단순한 객체, 즉 그저 여러 사물 가운데 있는 한 사물이 아니라 본질적으로 하나의 주체이다. 이 주체성이 인정될 때 과학과 인간성 사이의 간격은 좁혀진다.

이러한 맥락에서 여기에 애니 베잔트 여사[33]의 말을 인용해보자.

현대과학이 점점 더 분명하게 증명하는 바는, 고등한 동물일수록 진화에 있어서 유전의 역할은 점점 줄어들고, 모든 정신적, 도덕적 자질들이 부모로부터 자손에게 유전되지 않으며, 자질이 높은 경우일수록 이런 사실은 더욱 분명하다는 것이다. 천재가 낳은 어린애가 때로는 얼뜨기이고, 평범한 부모들도 천재를 낳지 않는가.

《오래된 지혜*Ancient Wisdom*》

이와 관련하여 달케[34]가 이야기했던 것도 옮겨 볼 가치가 있다.

'나'라는 존재 전체가 몽땅 부모로부터 왔다는 것이 과학 쪽의 주장이라면, 그것은 '나라는 과정I-process'이 한 번도 불이 당겨진 적이 없고 부모, 조부모 등등으로부터 여태까지 추진되어오기만 했다는 것, 즉 한 번도 타오른 적이 없고 굴러오기만 했다는 의미이다. 그럴 경우 이 움직임의 처음 시작은 무엇이었는가 하는 의문을 갖지 않을 수 없다. 왜냐하면 외부의

---

33 법륜·셋 《다르마빨라-불교 중흥의 기수》, 〈고요한소리〉 주 5 참조.

34 달케Paul Dahlke: 1865~1928. 독일 불교운동의 지도자. 의사이자 학자였으며, 스리랑카에서 빠알리어를 배우고 경전 일부를 번역하기도 하였다. 보리수잎·여덟 《불교 이해의 정正과 사邪》, 〈고요한소리〉 주 16 참조.

힘에 의해 움직이기 시작한 모든 것에는-간단히 말하여 모든 반작용에는-시작의 순간이 있어야 하기 때문이다. 이 같은 과학의 설명과는 대조적으로 부처님께서는 다음과 같이 가르치신다. '부모는 물질(육체) 즉 토대를 제공할 뿐이며, 특정 '나라는 과정I-process'이 해체되어 방출되는, 이러한 잠재적 가능성에 딱 들어맞는 '나라는 에너지I-energy'가 이런 모든 가능성에 불을 붙인다. 이렇게 볼 때 내가 부모로부터 태어난다고 말하는 것은 샘이 산에서 발원한다고 말하는 것과 같다. 샘이 산에서 발원하는 것은 이론의 여지가 없는, 누구에게나 명명백백한 사실이지만 그러나 샘이 어디까지나 산에 대해 한낱 이방인 객에 불과하다는 사실은 여전히 변하지 않는다.' 여기서 우리는 부처님의 말씀 쪽이 과학 쪽과는 달리 실상에 충실하며, 또 부처님의 말씀에 의지할 때에만 비로소 생명 번식이라는 완전 미궁 속의 기적이 세상의 자질구레한 법칙들과 조금도 모순을 일으키지 않으면서 세상의 상황으로 실현될 수 있다는 것을 알게 된다.

《부처님과 가르침*The Buddha and his Teachings*》(187~188쪽)에서 나아라다 스님은 유전만으로는 대대로 존경할 만한 조상이 태어났던 오랜 가계에 범죄자가 태어나는 일이나 악행으로 이름난 집안에 성자가 탄생하는 일을 설명할 수 없다는 견해를 강력하게 피력하면서, T. H. 파스칼 박사의 《재육화再肉化 *Reincarnation*》라는 책으로부터 다음 구절을 인용하였다.

> 유전에 관한 문제에서 원생 세포가 맡아 하는 역할로 되돌아가 본다면, 거듭 말하거니와 육체를 이루는 세포 그 자체만으로는 인간의 일부분만을 설명할 수 있을 뿐이다. 그것은 유전의 육체적 측면을 밝혀주기는 하되, 도덕성이나 지적 능력의 문제는 전과 다름없이 깜깜한 어둠 속에 남겨두고 있다. 만약 사람이 오로지 하나의 원생 세포로만 만들어지는 존재라면, 우리는 한 개인에게서 그의 조상이나 부모에게 드러났던 자질들 외에는 더 이상 아무것도 찾아낼 생각을 못할 것이다. 그들이 갖춘 자질은 결코 부모가 가졌던 것 이상일 수 없다. 하지만 우리는 매우 존경받는 집안에서 범죄자가 나오는 것을 보기도 하고 사회에 전혀 쓸모없이 살아온 부모에게서 성자가 태어나는 것도 보지 않는가.

앞서 이야기한 대로 탄생에 관한 불교적 설명에 의하면 부모의 정자와 난자 같은 순전히 신체만을 근원으로 하는 요소들은 마음과 몸[名色]의 결합체인 태아를 탄생시킬 수 없다. 인간은 정신·물리적 유기체이며, 그런 만큼 원인적 요소는 육체적인 것과 심적인 것 양쪽이어야 한다.[35] 《중부》 38경 〈대애진경大愛盡經 *Mahā Taṇhā Saṅkhaya Sutta*〉에서 부처님은 부모의 결합이 이루어지고 모친이 (임신하기에) 적절한 때에 있다는 조건 이외에도 (부처님께서) 간답바*gandhabba*라고 이름을 붙인 어떤 것이 존재해야 한다고 하셨다. '간답바'라는 단어는 글자 그대로 '이방인' 혹은

35 유전자를 발견한 공로로 노벨상을 받은 크릭은 최근 《놀라운 가설*The astonishing hypothesis*》이라는 책에서 영혼이나 마음이 뉴런(신경세포)의 집합 혹은 이 뉴런들과 연관된 분자들의 작용에 불과하다는 견해를 피력했다. 그러나 이러한 결론은 주로 표면적 의식이 뇌의 신경세포가 파괴될 때 장애를 받는다는 의학적 관찰에서 비롯된 것으로서, 여기에는 의식의 통로와 의식 자체를 동일시하는 논리적 잘못이 있다. 불교적 관점에서는, 17단계 생각의 과정을 통하여 표면 의식과 끊임없는 교호 작용을 하며 생명을 이끌어가는 무의식(바왕가 찟따)을 오히려 마음의 주체로 본다. 마음이 모든 것에 앞서고 모든 것을 만들어 간다는 증거는, 수행을 통하여 마음의 정화를 이루어 불치의 병을 치료한 예 같은 것 등에서 찾아볼 수 있다. 보리수잎·아홉 《관법수행의 첫걸음》, 〈고요한 소리〉 참조.

'멀리서 온 자'라는 뜻이다. 동사 '*gacchati*(가다)'의 동명사 '*gantabba*'가 변화한 것으로서 그것은 '가야만 할 사람'을 뜻한다. 이 의미는 어딘가에서 죽은 사람을 말하고 있으며, 부모와 관련된 요인에 대한 언급은 없다. 이 경에서는 임종자의 마지막 생각이 담고 있던 정신적 내용을 언급하고 있는데, 그 정신적 내용은 심적으로 중요한 빠띠산디 윈냐나 즉 재연결식을 초래하고 그 재연결식은 부모의 정·난자와 결합하여 태아의 형성을 돕는다. 그것은 임종자로부터 배출된 에너지 잠재력이다. 은유적으로 말해서 '멀리서 온 자' 혹은 '가야 할 자', 즉 그가 있었던 곳으로부터 (어디론가) 가야 하는 자이다. '빠띠산디'는 재연결을 뜻한다. 이것은 임종자 마음의 마지막 의식과 태아의 첫 번째 의식을 연결시키기 때문에 재연결식이라고 불린다. 그러므로 두 형태의 의식 모두 같은 '아아람마나*ārammaṇa*', 생각의 대상, 즉 세 가지 강력한 죽음의 표시 중의 하나를 갖는다.

그리하여 이것이 새로운 정신적 대응 부분, 새 '나아마

nāma 名'가 되는데, 그것은 새 어머니의 자궁에서 새로운 '루우빠*rūpa* 色'-새 육체적 대응 부분, 즉 새로운 부모의 정자세포와 난자세포와의 연계 속에 새로운 태아, 새로운 인간 생명의 핵을 발생시킨다. 이 새로 태어난 인간 생명은 과거 인간 생명의 결과로 간주될 수밖에 없다. 과거생에서 했던 생각, 말, 행위들*saṅkhārā*이 특정한 에너지 혹은 업력業力을 낳았고, 지난 생을 끝마치는 찰나 그 힘은 충분히 강력해져서 그 힘의 강도와 자질에 따라 '같은 것은 같은 것을 끌어 당긴다'(인력의 법칙)는 원칙과 또 다른 대법칙인 작용과 반작용의 법칙에 힘입어 알맞은 장소에 새 삶을 위한 필요조건들을 끌어당길 수 있었던 것이다. 탄생의 세 번째 원인적 요소를 만드는 것은 이들 힘이다. 이것은 심적 요인으로 심적 차원에서 시간과 거리는 문제가 되지 않는다. 그러므로 이들 잠재적인 업 에너지가 인연 있는 어머니의 자궁 내에서 태아 형성에 맞는 조건을 만들기 위하여 생물학적 법칙과 함께 작용함을 알아야 할 것이다. 이 부분에 대한 냐나띨로까 스님의 논평은 읽어볼 만한 가치가 있다.

태아에게 잠재해 있는 성격적 특성과 성향 및 능력에 관한 부처님의 가르침은 다음과 같은 방식으로 설명될 수 있다. 죽어가는 사람은 온 힘을 다해 삶에 매달리다가 죽는 찰나에 업력을 방출하는데 이 업력은 수태 준비가 된 새로운 어머니의 자궁에 전광석화처럼 찾아든다.[36]

그러므로 의식의 변화 과정은 다른 공간이나 차원에서라 할지라도 중단 없이 계속되며, 한 생의 끝에서 의식의 변화가 일어나는 모습은 본질적으로 한 생 동안 찰나찰나 일어나는 의식의 변화와 조금도 다를 것이 없다.

---

36 보리수잎·스물하나 《업과 윤회》(2022), 〈고요한소리〉 10~12쪽 참조.

12장
최면을 통한 전생 기억

의식 단계의 마음에 들어온 모든 일이나 느낌, 욕망들에 대한 생각은 의식 단계의 마음에서 사라져버리기 전에 그들의 인상을 무의식에 남긴다는 이론은 최면 과학을 연구하고 실습하는 심리학자들에 의해 의심의 여지없이 입증되기에 이르렀다. 이들 인상들은 모두 무의식이라는 거대한 장소에 저장된다. 오래 전에 잊힌 중요한 사건은 물론이고 심지어 사소한 사건에 대한 기억조차도 연령퇴행 최면이라는 방법에 의해 무의식 단계의 마음으로부터 재생해낼 수 있다는 사실이 밝혀졌다. 최면술사들이 하는 일은 먼저 피험자를 잠으로 유도하는 것이다. 이런 수면 상태에서 피험자는 어떤 문제가 주어지든 진실하게 대답하게 되는 것이다. 최면술사는 피험자에게 계속 말을 걸어서 피험자가 평상시와 같은 잠에 빠져들지 않도록 한다.

최면으로 유도된 수면은 정상적인 수면과는 다르다. 이런 종류의 잠을 최면적 수면 혹은 트랜스trance라고 부른다. 피험자가 이런 상태에 있게 되면 시술자는 피험자가 자기를 찾아온 현시점과 관련된 일에서부터 질문하기 시작하여 점점 과거로, 아주 어린 유아기로까지 되돌아가면서 그때그때 일어난 일들을 상기하도록 질문을 던진다. 이 모든 질문에 대해 피험자는 진실하게 대답한다. 깨어난 다음, 그는 자신이 한 말이나 행한 행동을 아무것도 기억하지 못한다. 그는 질문을 받은 사실조차 기억하지 못한다. 대답한 것은 의식 단계의 마음이 아니었기 때문이다. 최면에 유도되어 잠든 동안에 의식 단계의 마음은 정지 상태에 들고 무의식 단계의 마음이 대답했기 때문이다.

그렇게 함으로써 어린 시절의 일들이 모두 생생하게 떠오를 뿐 아니라, 더 흥미로운 것은 그 일들이 생생하게 다시 체험될 수도 있다는 점이다. 최면으로 유도된 수면 상태에서 잊었던 경험들을 생생하게 재체험할 수 있는 것은 의식 단계의 마음이 이 상황에서는 활동하지 않으므로 그동안 까맣게 잊었던 일들이나 그 일에 대해 경험했던 강력한 반응 등 모든 기억들을 무의식이 자유롭게 풀어낼 수 있기 때문이다.

이 같은 상태를 전문 용어로는 과다기억증hypermnesia이라고 한다. 예를 들면 잊힌 사건이 두렵고 공포스러운 것이었다면, 일어난 일을 회상하는 동안 최면에 걸린 사람은 당시와 똑같은 두려움과 공포를 드러내기도 한다. 그가 눈물을 쏟을 만큼 그 일이 비통한 사건이었다면, 피험자는 그 사건을 회상하면서 그때와 똑같이 진한 슬픔을 보이며 눈물까지도 쏟는다. 이런 일은 아주 흔하게 일어나는 일이다. 한 번은 60세 노인이 최면에 의해 그의 어린 시절로 되돌아가서 공책에 무엇을 쓴 일이 있느냐는 질문을 받자 그 사람은 그렇다고 대답했다. 그가 베낀 글 가운데 특히 기억나는 어떤 구절이 있느냐는 질문을 받자 그는 "적당한 때의 바느질 한 땀이 아홉 땀을 절약한다고 베낀 것이 기억난다."고 말했다. 연필과 종이를 주고 그 구절을 써보라고 했을 때, 그는 여전히 무의식 상태에서 그 구절을 썼다. 그것은 어른의 능숙한 글씨가 아니고 어린 아이의 서툴고 떨리는 글씨였다. 그러나 의식을 전혀 갖지 않고 행했기 때문에 최면에서 깨어난 다음 피험자는 그가 한 말이나 행동을 아무것도 기억하지 못했다.

이와 같이 인간의 마음은 두 겹, 즉 의식적인 것과 무의식적인 것으로 되어 있으며, 그런 사실은 최면 방법에 의해 얼마든지 입증되고 있다. 에딘버러 대학에서 행한 정신과학 강의에서 트로워드 교수가 말했던 것처럼 "최면학이 밝혀낸 위대한 진리는 사람의 마음이 이중적 구조를 하고 있다는 것이다." 그러나 사람마다 누구나 최면 방법에 반응하는 것이 아니라는 사실도 잊어서는 안 될 점이다. 최면 암시에 대해 심하게 저항하는 성질을 타고나는 경우도 있다.

최면 방법은 이번 생애의 과거 기억을 회상하는 데만 국한되지 않는다. 심리학자들은 전생의 기억들을 회상시키는 데 성공했고 이에 관해 많은 기록을 남겨 놓았다. 시간을 거꾸로 거슬러 올라가 그들의 아주 어린 시절에 관한 기억을 말하도록 했을 때, 최면 피험자들은 전생의 일들을 회상하곤 했는데, 후에 객관적으로 상세히 조사해 본 결과 그들의 진술이 사실이었음이 밝혀지곤 하였다. 여기에서는 한 가지 경우만을 소개하고자 하는데, 이는 기록에 남겨진 것 가운데 가장 오래된 것 중에 하나이다.

제네바 대학의 테오도르 플우어노이 교수가 스위스의 한 소녀에게 최면을 걸고 이번 생애 동안 겪은 일들에 관해 물어본 다음, 가장 먼 옛적의 생애를 기억해 내도록 청했다. 그 소녀는 아랍 추장의 딸로 살았던 생애를 기억할 수 있다고 대답했다. 그 당시 자기 이름도 기억할 수 있다고 했다. 그녀가 말한 이름은 시만다니였다. 그녀는 전생에서 쓰던 대로 아랍 말을 할 수 있었다. 그녀는 시브루카라는 이름의 인도 왕과 결혼한 사실도 기억했고 인도춤에 관한 세밀한 지식도 보여주었다. 남편이 챤드라기리라는 요새를 건설한 것도 기억했다. 플우어노이 교수는 고문서를 통해 이 말이 모두 사실임을 확인하고는 이 사례에 대한 책을 썼다. 맥두걸 교수는 이 사례를 《비정상 심리학의 개요*An Outline of Abnormal Psychology*》에서 언급하고 있다. 이것은 이와 유사한 수백 가지 사례 중 하나에 지나지 않는다.

같은 맥락으로 1950년에 출판되어 굉장한 선풍을 일으킨 책을 언급하지 않을 수 없다. 지나 서미나라가 저술한 《윤회의 비밀*Many Mansions*》로 7년 동안 10쇄를 찍어낸 책이다. 그것은 에드가 케이시[37]가 베푼 놀라운 치료의 내용들을 다루고 있다. 에드가 케이시의 기법은 자신이 스스로 최면에 든 다음 그 상태에서 환자들의 전생을 보고 이번 생에서 고생하는 질병의 근원적 이유가 있을 때는 그것을 찾아내는 것이었다. 케이시는 최면 상태에 있는

---

37 에드가 케이시Edgar Cayce: 1877~1945. 가난한 농부의 아들로 태어나 목사가 되려 했으나 가정 형편이 어려워 교육을 많이 받을 수 없었다. 책방 점원, 보험 세일즈맨으로 일하다가 21세 때 운명의 전환기를 맞게 되어, 최면상태에서 타고난 투시 능력을 발휘했으며 많은 사람들의 병을 진단하고 치료법을 처방하곤 하였다. 만년에는 '버지니아비치의 기적의 사나이'라고 불리기도 했으며, 67세를 일기로 운명하였다.

동안에는 질병에 대한 처방을 하였으나, 깨어난 다음에는 자신이 말한 내용을 기억하지 못했다. 환자나 환자 대신 누군가가 에드가 케이시에게 질문을 해야만 했으며 그러면 그가 답을 해주고 질병에 대한 처방을 해주었다. 이때 얻은 대답들을 모두 두 벌로 타자를 쳐서 한 벌은 환자에게, 또 한 벌은 기록 파일에 보관했다. 이런 방법을 '리딩 reading 前生判斷'이라고 부르게 되었으며 지금도 미국 버지니아비치에는 케이시 재단 소관으로 그런 종류의 리딩이 2만 사례 이상 보존되어 있다.

13장
저절로 이루어지는 전생 기억

한편 최면에 힘입지 않고도 어린아이가 자기 전생을 기억해 내는 사례가 상당수 있다.

버지니아 대학 정신과 교수였던 이안 스티븐슨 박사는 《전생 기억이라 주장하는 자료에서 가려낸 생명 존속의 증거*The evidence for survival from claimed memories of former incarnation*》라는 소책자에서 저절로 이루어진 전생 기억 사례를 여러 편 다루었다. 이 책은 유명한 심리학자 윌리엄 제임스 교수를 기념하여 모집한 논문 현상 공모에서 우수 논문으로 당선된 바 있다. 그는 쿠바, 인도, 프랑스, 시실리 등 여러 나라에서 수집된 사례들을 상세하게 기술하고 있다. 저자는 이 소책자의 2부에서 과거생에 대한 기억 재생이 혹시라도 사기 행위나 종족적 기억, 초감각적 인식 능력, 소급 인식과 예지 능력 같은 경우로 달리 설명될 수 있는 게 아닐까를 알아보기 위해 증거를 분석하고 있다. 그는 영혼 전생轉生 reincarnation에 관해서도 다루고 있는데, 이러한 사례들에 대한 가장 그럴듯한 설명이라고 생각했기 때문이다. 후에 나온 그의 저서 《영혼 전생을 암시하는 스무 가지의 사례》에서 더 많은 자동적 기억 재생 사례를 다루었다.

지난 생의 기억을 누구나 자동적으로 떠올릴 수 있는 것은 아니다. 그러한 기억 재생은 아주 예외적인 경우에만 가능하며, 그것도 어린아이에게만 가능하다. 아직까지는 연구 조사 수준이 어떤 경우에 그런 기억 재생이 일어날 수 있는지를 말해줄 수 있는 데까지는 이르지 못했지만, 거의 모든 자동적 기억 재생의 경우 과거생에 어떤 사고나 치명적인 질병으로 아주 어린 나이에 급작스럽게 죽음을 당한 사람들에게서 나온다는 것이 관찰되었다. 또한 어린아이가 차차 자라남에 따라 전생에 대한 기억이 희미해진다는 사실도 알려졌다. 과거생을 기억해 낼 수 없는 다른 이유들도 있을 수 있다. 예를 들면, 만약 어떤 사람의 전생이 동물의 생애였다면, 동물의 마음은 사람의 마음 수준만큼 계발되어 있지 못할 것이므로, 인간 마음처럼 분명하고 정확하게 인상을 간직할 수 없어 그의 과거를 전혀 생각해낼 수 없을 것이다. 최면 시술을 통한 퇴행도 이런 경우에는 도움이 될 수 없다.

특정한 방법의 명상 수행 과정을 통해 마음이 극히 청정해진 경우에는 그 정신적 시계가 완전히 트이는 단계에 도달할 수도 있다. 그럴 경우 과거생을 기억하는 능력을 계발할 수 있다. 불교에서 '숙주수념지宿主隨念智 *pubbenivāsānussati-ñāṇa*'라 부르는 것이다. 이 단계는 물론 고도의 청정성을 전제로 하므로 제4선四禪의 경지에 도달하기 전에는 그러한 능력을 얻을 수 없다. 이와 같은 경지에 이르렀던 부처님과 아라한들은 자신의 전생뿐만 아니라 타인의 생애도 볼 수 있었다.

다음 장은 자동적으로 전생을 기억한 네 편의 사례를 소개한 것이며 이에 관련된 세부 사항들이 모두 조사를 거쳤고 또 틀림없음이 판명되었다.

14장
조사연구를 거친 몇 가지 재생 사례

하나. 쁘라모드의 사례

쁘라모드는 1944년 10월 11일 인도 웃따르 쁘라데쉬의 비사울리에서 방키 랄 샤르마 교수의 둘째 아들로 태어났다. 두 돌 반쯤 지나자 그는 어머니에게 모라다바드에 밥할 줄 아는 자기 아내가 있으니 어머니는 요리하지 마시라고 말했다. 모라다바드는 비사울리에서 90마일이나 떨어진 도시였다. 그는 비스킷 과자에 대해 유난히 관심이 많아 누구든 비스킷을 사는 것을 보면 자기는 모라다바드에 큰 비스킷 공장을 갖고 있다고 말하곤 했다. 큰 상점에 데리고 가면 모라다바드에 있는 자기 가게가 훨씬 크다고 했다. 그곳에는 또 큰 소다수 공장도 있다는 것이었다. 나중에 그는 자신의 이름이 빠라마난드이며 모한 랄이라는 형제가 있고, '모한 형제'라는 이름으로 그들 둘이서 운영하는 비스킷과 소다수 공장이 있다고 했다. 그는 커드[응유凝乳]를 너무 많이 먹은 탓으로 위장병이 생겨 그 때문에 죽었다고도 했다.

쁘라모드의 부모는 아이가 전생에 관해서 하는 이러한 말들을 전혀 귀담아 듣지 않았다. 그런데도 쁘라모드는 계속 그런 말들을 했고 때때로 그를 모라다바드로 데려다 달라고 졸랐다. 그러한 이야기가 '모한 형제'라는 상호로 모라다바드에서 소다수와 비스킷 공장을 소유하고 있는 그 집안 사람의 귀에 들어가게 되었다. 그 집에서는 형제 중의 하나인 빠라마난드가 1943년 5월 9일에 죽었다. 그는 커드를 지나치게 먹은 결과 만성 위장병을 얻어 고생했으며, 사인死因은 맹장염과 복막염이었다. 그 집 식구들이 들은 소문이 죽은 빠라마난드의 상황에 들어맞으므로, 주인 모한 랄이 친척들을 데리고, 죽은 빠라마난드라고 주장하는 쁘라모드를 보러 비사울리에 왔다. 그때 쁘라모드는 친척을 만나러 먼 시골에 가고 없었서 그를 못 만났으나, 소년의 아버지 샤르마 교수가 아들을 모라다바드로 데려가기로 약속하였다. 얼마 후에 아버지는 이 약속을 지켜 당시 다섯 살이었던 이 소년을 모라다바드로 데리고 갔다. 두 사람은 기차를 타고 갔는데 철도역에 내리는 즉시 쁘라모드는 모한 랄이 전생의 형제였음을 알아보고 그에게 달려가 정답게 끌어안았다. 철도역에서부터 모한 랄의 집까지는 소형 이륜마차인 '통가'를 타고 갔다.

가는 도중 쁘라모드는 한 건물을 알아보고 전에는 시청이었다고 말했으며 그들의 가게가 거기에서 그리 멀지 않다고 했다. 그때 쁘라모드는 '타운 홀(시청)'이라는 영어를 썼는데 그 말이 그의 고향 비사울리에서는 전혀 알려져 있지 않았는데도 그런 표현을 쓴 것이 눈길을 끌었다. 그들이 탄 통가는 쁘라모드의 반응을 지켜보기 위해 일부러 가게 앞에서 서지 않고 지나칠 듯 해 보였다. 쁘라모드는 즉시 이곳이 그 가게라고 외치며 통가를 멈추도록 했다. 마차가 멈추자 소년은 전에 살던 집이 여기라며 앞장서서 집 쪽으로 길을 안내했다. 그리고 기도 장소로 마련된 외

딴 방으로 들어가 공경의 예를 올리며 잠시 머물렀다.

집에 들어가자 그는 전생의 자기 어머니를 알아보았다. 그는 전생의 부인을 알아보고 왜 이마에 '빈두'[38] 점을 찍지 않았느냐고 캐물었다. 그는 전생의 딸과 두 아들과 몇몇 친척을 알아보았으나, 그가 죽은 다음 모습이 크게 변한 그의 맏아들은 알아보지 못했다.

소다수 공장에 들어섰을 때, 그는 기계가 작동되지 않는 것을 발견했다. 실은 쁘라모드가 어떻게 하는지 보기 위해 물이 공급되는 연결 부위를 일부러 멈춘 것이었다. 그는 즉시 물 공급 라인이 끊어져 기계가 작동하지 않는 것을 알아내고 작업자들에게 어떻게 해야 되는지 설명해 주어 곧 제대로 돌아가게 만들었다. 작업자들에게 이 같은 지시를 내렸던 아이는 그때 겨우 다섯 살배기였다!

---

38 대부분의 북인도 지방에서는 결혼한 여인은 빈두(혹은 빈디) 점을 찍지만 남편이 사망하면 찍지 않는 것이 관습이었다.

쁘라모드는 이틀 동안 모라다바드에서 즐겁게 보내면서 여러 장소와 건물에 익숙한 모습을 보였고, 그리고 많은 사람들에게 허물없이 대했으며, 심지어 그에게 빚이 있는 무슬림 채무자까지 알아보았다. 무슬림 채무자를 보고 그는 '당신한테 준 돈을 되돌려 받아야겠다.'고 했다. 아이가 모라다바드를 너무 좋아하므로 비사울리 집으로 데리고 가기가 매우 힘들었다. 마침내 아버지는 아이가 잠든 사이에 데리고 돌아갔다. 그 후 어느 날 그는 모라다바드를 다시 방문하려고 몰래 집에서 도망 나와 비사울리 철도역까지 나갔으나 집으로 다시 끌려와 실패로 돌아갔다.

이 사례는 쁘라모드가 모라다바드를 방문한 지 몇 주 안 되어 베나레스 대학의 아트레야 교수가 처음으로 조사하였다. 몇 년 후 이 사례를 버지니아 대학 이안 스티븐슨 교수가 다시 조사하였는데, 그는 이 사례를 한 번 더 조사하기 위해 재차 방문하였다. 이 사례에 대한 그의 설명은 증거의 분석 평가 기록과 더불어 그의 책 《영혼 전생을 암시하는 스무 가지의 사례*Twenty Cases Suggestive of*

Reincarnation》에 들어 있다.

둘. 샨띠 데위의 사례

샨띠 데위는 1926년 델리에서 태어났다. 만 두 돌이 지난 즈음해서 이 소녀는 델리에서 60마일 떨어진 무뜨라라는 마을에 살았던 전생에 관해 이야기하기 시작했다. 소녀는 전생의 이름이 룩디이며 옷가게를 하는 상인 카다르 낫 쵸비와 결혼했다는 것이었다. 또 사내아이를 낳고 열흘 뒤에 죽었다고 했다. 샨띠 데위가 전생 이야기를 계속 하기에 소녀의 부모가 혹시나 하고 카다르 낫 쵸비에게 편지를 띄웠는데, 놀랍게도 그가 답장을 보내왔다. 이 답장에서 그는 샨띠 데위의 말이 모두 옳다고 확인해 주었다. 나중에 그는 친척을 시켜 이 소녀를 방문하게 하고 그 자신도 예고 없이 그녀를 찾아갔다. 소녀는 그를 알아보았다. 그 후 바로 조사가 이루어졌고 그 소녀가 고향인 델리 바깥으로 나간 적이 없다는 사실이 확인되었다. 그리하여 샨띠 데위의 무뜨라 방문과 이에 따른 반응을 조사하기 위해 위원회가 구성되었다.

무뜨라 역에 내리자, 샨띠 데위는 많은 군중 속에서 쵸비의 또 다른 친척을 알아보았다. 소녀를 태워가려고 준비해 놓은 마차에 탈 때, 사람들은 소녀를 보고 어느 방향으로 가야 할지 마부에게 지시해 주라고 시켰다. 그러자 소녀는 쵸비의 집까지 가는 길을 곧장 가리켰으며 그 집은 페인트칠을 다시 한 다음이어서 겉모양이 달라졌는데도 소녀는 그 집을 알아냈다. 샨띠 데위는 쵸비의 아버지도 알아보았다.

집으로 들어가기 전에 사람들이 집안의 구조와 가구 배치에 대해 여러 모로 소녀를 떠보았는데, 소녀의 대답은 하나도 틀림이 없었다. 소녀는 또한 모인 사람들 속에서 50여 명 정도를 알아보았다. 쵸비 부모의 집으로 가자마자 소녀는 특별히 한 방을 지적하며 그곳에 묻어둔 돈이 있을 것이라고 말했다. 곧 그 장소를 파헤쳤으나 돈은 나오지 않았다. 그러자 쵸비가 그 돈은 그녀가 죽은 다음 자신이 꺼냈다고 고백했다.

이 사례는 1936년 델리의 국제 아리안 연합이 조사를 했고 이안 스티븐슨의 책《전생 기억이라 주장하는 자료에서 가려낸 생명 존속의 증거*The Evidence for Survival from Claimed Memories of Former Incarnations*》에 소개되어 있다.

셋. 냐나띨라께의 사례

냐나띨라께는 1956년 2월 14일 실론의 딸라와켈레에서 16마일 떨어진 조그만 마을에서 태어났다. 두어 살쯤 되면서부터 이 소녀는 전생에 대해 언급하기 시작했다. 나중에 그 마을 사람들이 딸라와켈레에 다녀왔다는 이야기를 듣고 소녀는 즉시 그곳이 바로 전생의 부모가 살던 곳이라며 식구들 이름까지 댔다. 이 사례를 발굴한 데는 캔디의 H. S. 니상까 씨의 공로가 컸고 또 콜롬보 와지라라마의 삐야닷시 스님의 역할도 컸는데, 삐야닷시 스님은 니상까 씨와 함께 아주 흥미로워 하며 열심히 이 사례를 추적했다. 그들은 소녀의 집을 방문하고, 수줍어하는 소녀를 잘 달래가며 소녀의 전생과 살던 집의 세부 사항에 대해 물어보고 도움되는 정보를 많이 뽑아낼 수 있었다.

소녀가 전생에 살던 집은 딸라와켈레에 있는 차茶 가공 공장 가까이에 있었고 전생에는 남자아이였으며 여동생과 함께 기차를 타고 학교에 다녔는데 학교 가는 길에 긴 터널을 통과했다(모든 상황이 해튼에 있는 스리빠다 학교를 가리키고 있다). 소녀는 어느 날 동생과 함께 길에 서 있다가 여왕이 기차로 여행하는 것을 보았다고 했다(실제로 영국의 엘리자베스 여왕이 1954년 실론을 방문하여 기차로 딸라와켈레를 통과한 일이 있었다).

삐야닷시 스님과 니상까 씨는 함께 냐나띨라께가 남자아이로 살다 죽었다는 집을 찾아가 보기로 했다. 그들은 여러 군데로 여러 사람을 찾아다니며 문의해 봤다. 그들은 사망자 등기소를 찾아가 여러 시간 열람했으나 얻은 것이 없었다. 마침내 조사를 거드는 여러 사람들과 함께 냐나띨라께를 딸라와켈레로 데려갔다. 소녀는 그 마을에서 여러 건물을 알아맞혔지만 자기가 살던 옛집은 찾아내지 못했다. 그 집은 그가 죽은 다음 헐어내 버렸던 것이다. 마침내 그들은 해튼의 스리빠다 학교에 다니다가 12살의 나이로 1954년 11월 9일에 죽은 한 소년의 부모를 찾아냈다. 그 부모에게 문의해서 알아낸 소년의 세부 사항들이 냐나띨라께가 자기 전생에 대해 이야기했던 것과 일치됨은 당연했다.

삐야닷시 스님을 단장으로 하는 조사단이 딸라와켈레 휴게소에서 공청회를 열어 많은 증인들을 조사했는데, 그들 중에는 띨라께라뜨나(죽은 소년)의 가족, 띨라께라뜨나를 가르쳤던 교사, 그리고 해튼에 있는 스리빠다 사립중학교 교장이 포함되어 있었다. 많은 군중이 모인 이 회의에서 냐나띨라께는 처음으로 띨라께라뜨나의 어머니를 대면하였는데, 냐나띨라께는 진지한 표정으로 그녀를 바라본 다음 부드럽게 말하였다. "이분이 딸라와켈레의 제 어머니입니다."

이안 스티븐슨 교수는 1961년 딸라와켈레를 방문, 이 사례에 대해 독자적으로 조사를 진행했다. 그의 설명은 기록된 증거의 분석 및 논평과 함께 《영혼 전생을 암시하는 스무 가지의 사례》에 나온다. 니상까 씨는 이 사례를 싱할리어語로 쓴 《다시 태어난 소녀》라는 책에서 자세히 설명하고 있다.

넷. H. A. 위제이라뜨너의 사례

H. A. 위제이라뜨너는 1947년 1월 17일, 발랑고다에서 몇 마일 떨어지지 않은 작은 마을 칼토타에서 H. A. 띨레께라뜨나 하미의 막내아들로 태어났다. 태어날 때부터 그의 오른편 가슴 빗장뼈와 겨드랑이 사이 아래쪽에 뚜렷한 함몰이 있었다. 그의 오른쪽 손은 가늘게 여위었으며 오른손의 손가락은 정상 길이의 절반밖에 되지 않았다.

그는 두 돌이 지난 즈음해서 혼자 있을 때는 언제나 집 주위를 빙빙 돌며 혼자서 중얼거리는 버릇이 있었다. 이 이상한 행동을 맨 처음 발견한 것은 그의 어머니였는데, 그녀는 아들이 자기 손이 기형인 것은 전생에 아내를 칼로 찔렀기 때문이라고 이야기하는 것을 엿듣게 되었다. 그는 툭하면 그의 오른손을 들여다보며 그런 말을 하곤 했다. 그의 아버지 띨레께라뜨나는 아들이 그런 소리를 못하게 하려고 애써 보았지만 잘되지 않았다. 그런데 기묘한 것은, 띨레께라뜨나 하미의 동생이 라뜨란 하미였는데, 이 동생이 자기 처를 살해한 혐의로 1928년에 사형에 처해진 일이 있었다는 사실이다. 위제이라뜨너가 말하는 그 전생의 상황과 살인혐의 내용이 라뜨란 하미의 일생 및 살인혐의 내용과 너무나 들어맞았다.

전생을 살았다고 주장하는 위제이라뜨너의 이야기에 맨 처음 귀를 기울인 주요 인물은 발랑고다에 머물던 아난다 마이뜨레야 장로 스님이었다. 그는 소년과 그 부모에게 여러 가지 질문을 했다. 소년은 자기가 처형당했던 일과 그에 앞서 일어난 일들까지 상세히 설명했다. 그뿐만 아니라 전생에 사형당하기 전, 그는 자기가 죽은 다음 다시 형 곁으로 돌아오겠다고 말한 적이 있다고도 했다. 띨레께라뜨나 하미는 살해된 여자의 친척들이 아이에게 복수할까 두려워 이 사실이 알려지는 것을 원치 않았다. 후에 프란시스 스토리[39] 씨가 좀 더 상세한 조사를 하게 되었고, 이안 스티븐슨 교수도 실론에 왔을 때 이 문제를 추적하였다. 그는 라뜨란 하미 사건에 대한 대법원의 서류철을 조사한 결과 위제이라뜨너가 얘기하는 부부간의 불화 원인에 관한 이야기가 상당히 신빙성이 있음을 알게 되었다. 대법원 기록상에 나타나는 의학적인 증거는, 살해된 여인의 몸에 생긴 여러 상처 가운데 왼쪽 겨드랑이 바로 아래에, 폐에까지 이르는 깊이에 길이 2인치 반에 이르는 너비 1인치 반의 베어서 벌어진 상처가 있었음을 말해 주었다. 기묘하게도 위제이라뜨너의 가슴에도 역시 뚜렷한

39 프란시스 스토리: 1919~1971. 영국 출신. 법륜·열다섯 《사성제》 저자 소개 참조.

공동空洞이 있었다. 다만 다른 점은 그것이 왼쪽이 아니라 오른쪽이라는 사실이었다. 과연 그것은 그가 전생에 아내에게 가한 상해를 일깨우는 씻을 수 없는 저주일까. 아니면 단지 우연에 지나지 않는 것일까? 그 잔혹한 행위는 오른손으로 저질러졌었다. 지금 그의 오른손과 팔의 상태는 업보의 생생한 예라고 해야 할 것인가, 아니면 이 역시 우연일 뿐일까. 그러나 아무튼 소년이 그의 전생에 관해 아난다 마이뜨레야 장로 스님에게 한 설명은 소년의 부친이 마이뜨레야 장로 스님에게 한 설명이나 그 지역 주민이 알고 있는 것과 모두 부합되었다. 참고로 필자 스스로도 이 사례에 대해 독자적인 조사를 해보았다는 것을 언급해 두는 바이다.

이 사례의 상세한 설명은 기록된 증거의 분석, 논평과 함께 이안 스티븐슨 교수의 책 《영혼 전생을 암시하는 스무 가지의 사례》에 나온다.

15장 질문과 대답

지금까지 재생이라는 주제를 여러 측면에서 검토해 보았으니 이제는 이 주제를 이해하려고 할 경우, 으레 제기되는 몇 가지 질문들을 다뤄보고자 한다. 다음 문항들은 재생을 주제로 행한 여러 차례의 강연에서 저자에게 제기되었던 질문들이다.

질문 1

당신은 과거생을 자동적으로 기억 재생해낸 이런 사례 중 일부가 일부러 꾸며낸 조작극으로, 끌어 모은 정보를 천진한 어린이에게 주입시켜 누가 물으면 그 정보를 앵무새처럼 말하도록 시켰을 수도 있다는 가능성을 부인할 수 있습니까?

대답

순전히 이론상으로만 말하라면 "그러한 가능성은 부

인할 수 없다."라고 대답해야겠지요. 그러나 실제적으로는 꾸며낸 전생의 이야기를 어린아이에게 주입 훈련시켜 성공한다는 것은 거의 불가능합니다. 우선 어린이는 의심을 할 줄 모르기 때문에 과학적으로 훈련받은 조사관들의 능란한 교차 검사에 쉽사리 걸려 넘어갑니다. 더 나아가, 가짜 전생 이야기를 사실인 것처럼 보이게 하기 위해서는 이 사기극의 하수꾼들이 어딘가에서 실제로 죽었던 사람의 생애에 관해 다량의 정보를 자세히 알아내야 합니다. 이 조사는 죽은 사람이 살았던 시절에 했던 활동과 관계있는 사건들이나 환경을 폭넓게 망라해야 할 것입니다. 만약 그 사람이 죽은 장소가 아주 멀리 떨어진 시골이라면 그와 관련된 수많은 세부사항을 모은다는 일이 아주 불가능하지는 않다 하더라도 극히 어려워집니다. 그 다음에 이 방대하게 축적된 정보를 고스란히 어린아이의 마음에 넣어 주어야 하며, 더 어려운 것은 반드시 이들 구체적인 내용들이 어린아이의 마음속에 시대 순으로 잘 간직되도록 해주어야 할 것입니다. 만약 이 사기극을 꾸미는 사람들이 아이의 부모들이라면, 아이의 과거생에 관하여 알고 있든가 아니면 아는 것으로 꾸며낸 하인이나 이웃, 친척, 어린아이의 친구 같은 여러 사람들을 조작 과정에 합세시켜야 합니다. 교차 검사의 범위는 넓고 방대하여 거짓 이야기를 조작하는 사람들이 자신들이 받게 될 모든 종류의 질문을 미리 다 알고 있을 수는 없으며, 이 경우 또 모든 증인의 말이 서로 일치하고 모순도 없어야지 그렇지 않으면 모든 계획은 수포로 돌아가고 말 것입니다.

거짓 이야기의 조작자는 이 어려운 연극의 입증 증거들을 한 점의 결함도 없이 완벽하게 연출해야 할 뿐만 아니라 그것들이 생생하게 살아있도록 해야 합니다. 왜냐하면 훈련된 조사관은 한 번의 조사만으로는 결코 만족하지 않기 때문입니다. 참으로 이것은 여러 사람의 협조가 우선해야 하고 엄청난 시간과 돈 그리고 에너지를 들여야 하는 중대한 모의 사건인 것입니다. 대체 무엇을 바라고 그런 짓을 하겠습니까? 어떤 사람들은 부모가 이들 어린이를 팔아 약간의 명성을 맛보려고 그러는 것이라 할지 모르지만, 반드시 기억해 둘 일은 그런 대중적 인기란 미심쩍기 그지없는 것이어서 아무 때고 조사관이 다시 방문하여 어린이와 증인을 재검사할 경우에는 허물어져 버릴 것이 뻔합니다. 그런 거짓 연극을 연출하는 데 드는 엄청난 노력을 보상받을 길은 전혀 없습니다.

질문 2

한 생에서 다음 생으로 옮겨가거나 전이되는 무엇이 없이 재생이 일어날 수 있습니까?

대답

이 질문은 우리 안에 죽음의 찰나에 옮겨가거나 전이될 수 있는 무언가가 있다는 가정을 전제하고 있습니다. 더 나아가 이 무언가는 안정되고 변하지 않는 무엇일 거라는 가정을 내세웁니다. 무언가가 다음 생으로 계속 이어지려면 금생 내내 지속되는 것이 있어야 하기 때문입니다. 불교 문헌을 바탕으로 마음과 몸을 엄밀히 분석해보면, 앞 장章에서 간단히 지적한 대로 몸과 마음은 매 찰나 변화를 겪고 있으며 무자비한 변화의 법칙이라는 관점에서 볼 때 그 무엇도 머물러 있거나 그대로 남아 있을 여지는 없다는 것입니다. 둘째 장에서 기술한 대로, 생성의 법칙의 관점에서 보면 어떤 순간에도 무언가 다른 것으로 되는 과정에 있지 않은 것은 아무것도 없습니다. 그러므로 인간계에서 변하지 않고 고정되어 있는 그 무엇 같은 것은 생각할 수 없습니다.

이와 같은 질문이 나오는 것은 인과 법칙의 소리도 없고 보이지도 않는 작용을 깊이 인식하지 못한 데서 비롯됩니다. 과보는 꼭 그 원인과 물리적으로 관련지어져 있는 것은 아닙니다. 과보는 단지 원인의 결과일 뿐입니다. 사람이 사진을 찍을 때, 사람에게서 사진까지 무엇이 건너갑니까? 사람이 거울 앞에 서 있을 때 그의 상이 거울 속에 있다고 사람에게서 거울로 무엇이 건너갑니까? 그것이 바로 원인을 따라 나타나는 결과의 한 예입니다. 윌리엄 크룩스 경은 에딘버러에서 행한 정신과학 강의에서, "의지를 행사함으로써 마음이 금속지레 같은 물건을 움직일 수 있다는 것이 실험을 통하여 증명되었다."고 밝혔습니다. 그러한 것이 염력의 성질입니다. 더 나아가, 원인적 요인이 정신적이거나 심적인 것이라면 거리는 인과 법칙의 작용에 아무런 장애가 되지 않습니다. 심적 차원에서 시간과 거리는 문제가 되지 않기 때문입니다.

의식조차도 옮겨 다니는 것이 아닙니다. 의식은 한 생에서 다음 생으로 옮겨가는 것이라고 부처님께서 말씀하신 적이 있다고 '사아띠'라는 비구가 말했다가 부처님께 심한 꾸중을 들은 기록이 있습니다.(《중부》 38경 〈대애진경 大愛盡經 *Mahā Taṇhā Saṅkhaya sutta*〉 I권 258쪽) 그러므로 다음 생이 생기도록 하기 위해 무언가가 한 생에서 다음 생으로 넘어가야 할 필요가 없다는 것은 너무나 명백합니다. 때로 사람들은 사람이 죽고 나면 천국으로 혹은 지옥으로 간다는 막연한 말을 합니다. 그것은 태양이 실제로는 동쪽에서 떠오르는 것이 아닌데도 동쪽에서 뜬다고 하듯이, 죽은 사람이 어디로도 가는 것이 아니건만 다만 표현상의 편리를 위해 인습적으로 그렇게 말하는 것뿐입니다. 즉 은유적 표현인 셈입니다. 금생은 전생에서 지었던 원인의 결과입니다. 과거생에 했던 생각과 말과 행위들이 강력한 에너지를 만들어 현생의 일어남을 조건지을 수 있는 것입니다.

《업과 윤회》에서 냐나띨로까 스님은 다음과 같이 말하였습니다.

따라서 아무것도 한 생에서 다음 생으로 이동하지 않는다. 우리가 자아라 부르는 것은 실제로는 이 지속적 변화과정, 찰나찰나를, 나날을, 연년을, 생생을 이어 지속적으로 일어나고 사라지는 과정일 뿐이다. 이는 마치 바다의 표면 위를 서둘러 달리고 있는 것처럼 보이는 파도가 실제로는 에너지의 전파를 받을 때마다 새롭게 등장하는, 언제나 새로운 물의 질량이 계속 일어났다 꺼지는 것에 불과한 것과 마찬가지다. 바로 그와 같이 엄밀히 생각할 때, 궁극적 의미에서는 윤회의 바다를 가로지르는 어떤 영구적 자아체도 존재하지 않는다. 단지 생을 향한 충동과 의지에 내몰려 이따금씩 일어나는 육체적 및

---

40 보리수잎·스물하나 《업과 윤회》(2022년), 〈고요한소리〉 11~12쪽 참조.

정신적 현상들이 진행되는 과정일 뿐이다.[40]

에너지는 한 장소에서 다른 장소로 옮겨가지 않습니다. 한 장소에서 드러나 있기를 그치고, 다른 장소에서 자신을 드러내기 시작할 수 있을 따름입니다.

질문 3

만약 한 생에서 다음 생으로 옮겨가는 것이 아무것도 없다면, 다시 태어난 사람은 앞의 생에서 죽은 사람과 같은 사람인가요? 그는 죽은 사람과 똑같습니까, 아니면 다릅니까?

대답

죽은 사람의 몸*rūpa*이나 마음*nāma*이 다시 태어난 사람 속에 들어가 있지 않다는 의미에서, 두 사람 사이에 인격적인 동일성은 없습니다. 그러나 간과해서 안 될 중요한 사실은 죽은 사람과 재생한 사람 사이의 관계를 완전히 끊어버릴 수는 없다는 점입니다. 우리는 마음이 영구적인 불변의 실체가 아님을 보았습니다. 그것은 고정되어 있거나 정적인 무엇이 아닙니다. 그것은 역동적입니다. 그것은 식識의 상태 하나하나가 실제로는 그게 아닌데도 마치 영구적인 것처럼 보일 만큼 빠른 속도로 이어지는 진행 과정, 연속*santati*, 혹은 흐름입니다. 또한 우리는 한 식의 상태에서 다른 식의 상태로 변화하는 이 과정이 죽음으로 끝나지 않는 것은 어떤 원리 때문인가도 알아보았습니다. 죽음의 찰나 마지막 식의 상태가 사라지면 그 결과로 다른 차원이나 장소에서이긴 하지만 다른 식의 상태(재연결식)가 일어납니다. 이러한 현상은 생각이 힘, 즉 에너지이기 때문에 가능하며 바로 에너지 보존의 법칙에 따라 육체와 함께 소멸될 수 없기 때문에 가능한 것입니다. 그리하여 변화의 과정은 계속됩니다. 그러므로 죽는 사람의 정신 쪽*nāma*은 연속성을 가집니다. 죽는 사람의 마지막 식의 상태와 재생하는 사람의 최초의 식의 상태는 같은 인과의 흐름에 속합니다. 그런 이유로 두 사람 사이에 동일성이 전혀 없다고 말하는 것은 정확하지 않습니다. 동시에 단순히 동일성이 있다고 해버리는 것도 여러 모로 잘못된 생각을 낳기 쉽습니다.

두 사람이 똑같은가, 아니면 다른가라는 질문에 대한 가장 적절한 대답은 밀린다 왕이 똑같은 내용의 질문을 한 데에 대해 나가세나 스님이 한 다음의 대답일 것입니다. "완전히 같지도 않고, 그렇다고 완전히 다른 것도 아닙니다*na ca so na ca añño*." 이 대답은 앞의 질문에 대한 답이 될 수 없다고 혹은 교묘한 말장난이라고 비판하는 사람도 있습니다. 그러한 비판은 성급하고 지나친 것입니다. 모든 질문에 대해 다 "예"나 "아니요"로 속 시원하게 대답해 줄 수는 없으니까요. 그때 나가세나 스님은 "밤 이경二更에 켜놓은 촛불의 불꽃은 그날 밤 삼경三更의 불꽃과 같은 것인가요?"라고 반문하는데, "예"나 "아니요"나 다 그 상황을 제대로 설명하지는 못할 것입니다. 어린아이가 세월의 흐름에 따라 노인이 되었을 때 당신은 그 노인이 옛날의 어린아이와 동일하다고 말할 수 있습니까? 그 상황을 "예"와 "아니요"로 딱 부러지게 말해 줄 수 있겠습니까? 이 경우에도 "완전히 같지도 않고, 그렇다고 완전히 다른 것도 아닙니다."라고 하는 편이 더 적절하지 않습니까? 하지만 이 경우 어린이와 노인 사이에는 어린아이 적에 저지른 행위에 대해 노인에게 도덕적 책임을 물을 수 있는 충분한 동일성이 존재합니다. 죽은 자와 다시 태어난 사람 사이에도 이와 유사하게 전자의 행위에 대해 후자가 책임져야 하는 동일성이 충분히 존재합니다. 《청정도론》 17장에 나오듯이 "연속되는 흐름에는 동일성도 없거니와 상이성도 없습니다. 왜냐하면 연속되는 흐름 속에 절대적 동일성이 내재한다면 우유로부터 요구르트가 만들어질 수 없을 것입니다. 한편 절대적으로 다르다면 우유에서 요구르트가 나올 수 없습니다. 인과 관계로 생겨난 사물은 모두 이와 같습니다. 그러므로 여기에서는 절대적으로 같다고도 절대적으로 다르다고도 가정할 수 없습니다."(냐나몰리 스님 영역英譯)

질문 4

만약 모든 탄생이 죽음에 이어서 오는 것이라면, 세계의 인구는 일정해야 할 것입니다. 그러나 모두가 알다시피 세계 인구는 해마다 급격히 증가하고 있으니 어째서 그렇습니까?

대답

세계의 인구가 빨리 증가하고 있는 것은 사실입니다. 모든 죽음에는 탄생이 뒤따르는 것도 사실입니다. 그러나 우리가 다음의 내용을 생각할 때 이 두 진술 사이에는 서로 모순이 없습니다.

1. 탄생은 (인구 계산이 가능한 유일한 세계인) 이 세상에서만 일어날 수 있는 것이 아니고 불교 경전에서 말하는 무수히 많은 다른 계界에서도 일어날 수 있습니다.
2. 재생은 그 전생의 죽음이 꼭 인간계에서 일어났음을 의미하지는 않습니다. 죽은 동물도 인간으로 다시 태어날 수 있습니다.
3. 마찬가지로 모든 죽음이, 다음 재생처가 반드시 인간계임을 의미하지 않습니다. 죽는 사람은 동물로도 천신으로도 재생할 수 있습니다.

질문 5

만약 임종자의 의식에 떠오른 마지막 생각이 어떤 성질의 것인가에 따라 다음 생에 태어날 곳이나 기타 조건 등이 결정된다면, 대체로 착하게 살아온 사람이 죽는 찰나에 아주 나쁜 생각을 가짐으로써 그 결과 매우 나쁜 환경에 태어날 수 있을 것입니다. 그렇다면 그가 전에 행한 착한 일은 몽땅 무無로 돌아가게 됩니까?

대답

일반적으로 마지막 생각이 어떤 성질의 생각인가에 따라 다음 탄생의 성질이 결정되는 것은 사실입니다. 그렇다고 그 이전의 모든 생각과 행위가 다시 태어나는 사람에게 영향을 미치지 않는다는 뜻은 아닙니다. 죽음 직전의 마지막 생각은 제일 마지막에 일어난 것이므로 태어날 사람에게 필연적으로 제일 먼저 영향을 끼칩니다. 그렇다고 해서 이전의 생각과 행위들이 후에 새로운 삶에 영향을 끼치는 것까지 막지는 못합니다. 흔히 울타리 안에 가득 몰아넣은 소들을 예로 들 수 있습니다. 잠가놓은 울타리 문 바로 옆에는 어쩌다 보니 힘없는 늙은 황소가 있고 젊고 힘센 황소들은 울타리 안쪽에 있습니다. 문이 열리자 늙은 황소가 맨 먼저 나와 젊은 소들보다 앞서 걸어가지만 결국 젊은 황소들이 늙은 황소를 앞지르게 될 것입니다. 이와 마찬가지로 사람이 죽음의 문에 다다랐을 때 그 마음을 차지하는 선하거나 악한 생각은 즉각적인 과보를 낳지만, 이전의 생각과 행위도 정당한 순서를 밟아 그 과보를 낳을 것입니다. 동시에 앞 장에서 언급한 바와 같이 가루까 깜마(무거운 업)가 아아산나 깜마*āsanna kamma*(죽음 직전의 업, 혹은 마지막 업)보다 우선한다는 것을 잊어서는 안 됩니다.

질문 6

죽음과 전생의 관계는 그만큼 밀착되어 있고 즉각적이어서 시간적 틈새가 조금도 없다는 말씀인가요? 그렇다면 죽음은 탄생이고 탄생은 곧 죽음이라는 입장이 되겠습니다. 맞습니까?

대답

어떤 부파에서는 태어남과 죽음 사이에 중유中有

*antarābhava*가 있다고 믿으나, 상좌부 불교에서는 죽음과 태어남이 하나의 과정 속에 있는 부분이기 때문에 그러한 상태는 없다고 봅니다. 임종이 멈추자마자 재연결식이 일어납니다. 죽음 직전의 생각-촉진 마음과 (숨)지는 마음[死心]이 멈추면 필연적으로 재연결식이 뒤따라 일어납니다. 이곳에서의 죽음은 다른 곳에서의 태어남을 의미합니다. 여기서 사라지는 것이 다른 어떤 곳에서 나타납니다. 하나의 문은 관찰자가 서 있는 출구가 되기도 하고 입구가 되기도 합니다. 누가 나가는 것을 보면 그는 그것을 출구로 간주합니다. 그러나 같은 사람이 그 문을 통하여 들어오는 것을 다른 관찰자가 보면, 그에게 있어 그 문은 입구인 것입니다. 그러나 두 경우 모두 사용된 것은 같은 문입니다. 불교에 의하면, 죽음은 한 생으로부터 다음 생으로 통하는 문에 불과하며, 끊임없는 의식 과정은 인간의 여러 삶들을 결합시키는 매체일 뿐입니다. 독일의 달케는 "죽음은 단지 태어남을 뒤쪽에서 본 것뿐이며, 태어남은 죽음을 앞에서 본 것에 불과하다. 사실상 양자는 같은 것으로 끊임없는 집착이라는 하나의 모습인 것이다."라고

했습니다. 달케는 나비로 변하는 송충이의 경우를 예로 들고 있습니다.

삶과 죽음이라는 두 불가사의 앞에서 과학은, 마치 생전 처음 자연계 현상(박물학)을 관찰하게 된 소년과 같은 모습을 보인다. 유리 상자 속에서 모충이 죽고 애벌레가 태어난 것을 보고 소년은 '두 기적이 일어났다. 있던 것은 죽어버렸고 못 보던 것이 나타났으니.'라고 할 것이다. 이 경우, 실제 일어난 일에 대한 정확한 개념이 파악되지 못하여 두 개의 진실이 합쳐지지 못하고, 잘못된 개념 때문에 이 두 가지 진실은 서로 뿔뿔이 흩어져 해결할 수 없는 문제가 되어 버린다. 과학에서도 꼭 마찬가지다. 이곳에서의 죽음과 저 세상에서의 태어남이 하나의 동일한 경험 형태임을 인식하지 못하기 때문에, 한 각도에서 양쪽을 보며 하나로 이해하는 대신, 두 개의 불가사의가 존재하는 것으로 본다. 그런 점에서는 물리학자는 그나마 유아기는 지난 셈이다. 물리학에서는 이제 '둘 다 기적이로군! 열은 사라졌고 운동은 남아 있다.'라고는 말하지 않는다. 물리학에서는 비록 물질의 반응 형태에 국한되긴 하지만, 진실의 실마리를 찾은 셈이다. 그러나 생물학자들은 아직 두 개의 기적을 정확하고 올바른 다른 개념으로 대체하지 못하는 수준에서 맴돌고 있다. 태어남이 생길 수 있는 것은 죽음이 있기 때문임을 깨닫지 못하고 있다. 따라서 태어남 자체만을 하나의 사실로, 죽음 자체만을 또 다른 사실로 다루어 본질적으로 풀릴 길 없는 두 가지 문제에 봉착한 상태로 남아 있다.

《불교와 과학*Buddhism and Science*》

질문 7

우리에게 정말 전생이 있다면 왜 전생을 기억하지 못합니까? 전생이 있다면 우리가 마땅히 지난 생들을 기억할 수 있어야 하지 않겠습니까?

대답

일반적으로 죽음은 지워 없애는 작용을 함으로써 다시 태어난 사람이 그 전생을 기억하는 일은 정신적으로 불가능한 것 같습니다. 이것은 자연의 보호 작용입니다. 왜냐하면 재생한 사람은 금생의 삶의 조건을 따라가야 하는데 과거의 기억이 현재 마음속으로 비집고 들어온다면 혼란스러울 수밖에 없을 테니까요. 예를 들면 동생이 다음 생에 그 형의 아들로 다시 태어난 경우가 있었는데, 그는 주변 친척들이 아무리 야단을 치고 주의를 줘도 현생의 아버지를 부득부득 형이라고 불러 아버지를 당혹스럽게 하였습니다. 그가 아버지를 대하는 정신 자세도 아들이 보통 아버지를 대하는 것과는 같지가 않았을 것입니다.

하지만 우리가 전생을 기억하지 못한다 해서 그것이 왜 전생이 없다는 뜻으로 받아들여져야 합니까? 그렇게 우기는 사람들에게는 다음과 같이 물어보고 싶습니다. "전생은 차치하고라도 자기가 처음에 태어났던 갓난아기 적 일을 기억하는 사람이 누가 있습니까? 도대체 누가 태어날 때의 일을 기억한답니까? 그렇다고 우리가 아예 태어나지 않았다거나 갓난 시절이 없었다는 얘기가 될 수는 없지 않습니까? 사실상 태어날 당시나 초기 유아기에 우리의 마음은 대부분 바왕가, 즉 무의식 및 잠재의식 상태에 있었지 완전한 의식 상태에 있지는 않았습니다. 새로 태어난 갓난아기는 낮 동안도 대부분 잠을 자며 보냅니다. 인간의 기억 기능은 완전하지 못합니다. 어른도 며칠 전에 일어난 사건을 잊어버릴 수 있지만 그렇다고 그 사건이 일어나지 않았다는 것을 의미하지는 않습니다. 모든 크고 작은 사건들은 의식 단계의 마음에 한번 그 인상을 심어 놓으면, 그 인상이 의식 단계의 마음에서 희미해져가도 무의식 단계의 마음으로 가라앉는 것이지 결코 사라지는 것이 아니며, 특별한 경우에 적절한 기법으로 기억에 다시 떠올려질 수 있습니다. 이들은 12장에서 이미 논의되었습니다. 또 최면술의 도움 없이 전생을 자동적으로 기억 재생하는 경우가 있습니다. 이에 관하여는 13장에서 논의했습니다. 언제 기억 재생이 가능하고 언제 가능하지 않은지는 아직 알려져 있지 않습니다.

질문 8

재생 원리는 사람의 전생이 한 번만 있었던 게 아니고 무수히 많았으리라고 가정합니다. 그렇다면 계속되는 태어남의 시발점은 어디일까요? 연기법의 설명은 어째서 직선으로 이어지는 생사의 연속을 말하지 않고, 순환을 말하는지요? 일직선상의 연속으로 설명한다면 생사 흐름의 출발점을 알 수 있지 않겠습니까? 달리 말하면 최초 원인(조물주)은 없다는 말인가요?

대답

부처님께서 불법을 펴신 것은 생명의 기원이나 세상의 태초 발단을 설명하기 위해서가 아니었습니다. 부처님의 한 가지 목적은 고통 받는 인류에게 둑카*dukkha* 苦(부조화)라는 보편적 질병을 설명하고 그에 대한 처방을 가르쳐주는 것이었습니다. 그분이 느끼기에는 이 일만이 항상 가장 절박하게 필요한 것이었습니다. 부처님께서는 고통의 질곡으로부터 빠져나갈 수 있는 길을 보여주고자 애쓰셨습니다. 그 밖의 것은 다음과 같은 그분의 말로 알 수 있듯이 그의 목적과는 무관한 것이었습니다.

한 가지만을 나는 설한다.
고와 고의 종식을.
Dukkhañ c'eva paññāpemi
Dukkhassa ca nirodhaṃ[41]

《중부》 22경, I권 140쪽

41 영문은 One thing only do I teach, Sorrow and its End to reach.

목적이 이처럼 한정되었던 만큼 부처님은 세상의 시초나 생명의 기원에 관해 형이상학적 이론이나 추상적 개념을 늘어놓기를 원치 않으셨습니다. 부처님의 지적처럼 그런 것들은 삶의 목표나 목적과는 아무런 관계가 없습니다. 그분에 의하면, 삶의 목적은 우리 자신을 도덕적으로 향상시키고[戒], 정신적 집중을 이루어내고[定], 그 도움으로 더 높은 지혜[慧]를 얻음으로써 우리가 사물을 실제 그대로 볼 수 있도록 하는 것이며[如實智], 그리하여 이 고통의 삶으로부터 풀려나는 것입니다. 그러므로 부처님은 인생 전체를 구성하는 모든 사실 가운데서 이 목표를 실현하는 데 필요한 것들만 내세웠던 것입니다.

윤회설은 왜 최초 원인(조물주)에 대해 언급하고 있지 않는가

부처님께서 재생 즉 윤회 생사 현상에 대해 말씀하신 목적은 이번 생에서 우리가 한 행위의 결과가 다음 생에 우리를 따라오며, 따라서 우리는 생각하거나 말하거나 행동함에 있어 조심스럽게 분별해가며 해야 함을 보여주는

데 있을 뿐입니다. 마찬가지로 전생에 대해 말씀하셨던 것은 이번 생에서 우리의 조건, 우리의 기쁨, 슬픔, 기회, 장애 등이 대부분 전생에서 행한 행위의 결과임을 설명하고자 해서였습니다. 그분의 목적은 본래 실제적인 것이어서 윤회의 과정을 파고들어 철학적 추상 개념으로 들어가는 데에는 전혀 관심이 없었습니다.

연기법은 왜 최초 원인(조물주)에 대해 언급하고 있지 않는가

윤회설의 경우와 같이 연기법*paṭicca-samuppāda*도 마찬가지입니다. 심오한 의미를 간직한, 이해하기 힘든 이 교리는 일련의 열두 조건 혹은 요소가 되는 상태들을 설하고 있습니다. 그 조건들 혹은 요인들은 다양한 형태로 서로 의지하여 존재하는데, 말하자면 조건지어줌*paccaya*과 조건지어짐*paccuppanna*의 사이클(순환)을 형성합니다. 이는 존재 내에서 전개되고 있는 심오하고 중요한 진행 과정을 보여줍니다. 이들 열두 요소는 끊임없이 작용하는데, 그 작용이 연기緣起의 과정이기 때문에 각 조건은 다른 조건에 의해서 일어나고 다시 다른 조건으로 진행되어 갑니다. 이 과정을 구성하는 요소들이 서로 관계를 맺는 것은 원인이라는 매개를 통해서라기보다는 조건성이나 의존성이라는 매개를 통해서입니다. 그러므로 조건성은 이 과정의 전개 방식입니다(*paṭicca*는 '조건에 따르는' 혹은 '의존적인' 것을, *samuppāda*는 '함께 일어남'을 의미함).

여기는 심오한 연기법을 상세히 설명할 자리는 아니지만 제기된 질문에 대해 충분한 답을 얻으려면 부처님께서 이 교리를 설명하실 때 그 과정의 전개 방식이 이중 구조로 되어있다는 것을 지적하신 점을 빼놓을 수 없습니다. 첫 번째 방식은 반복되는 태어남과 고통으로 향하는 구조이고, 그 역의 방식은 반복되는 태어남과 고통을 종식시켜 마침내 온갖 고통과 슬픔으로 가득 찬 존재의 멈춤에까지 이르는 것입니다. 부처님께서 꼭 지적하고자 했던 것은 우리 안에서 그 과정이 전개되는 방향을 선택하는 일은 우리에게 남겨진 과제라는 점입니다.

이 교리의 기반을 이루는 원칙은, 열두 요소를 일일이 헤아리지 않고 보면 다음과 같이 극히 단순하고 평범한 말로 표현될 수 있습니다.

이것이 있으면 저것이 있고,
이것이 일어나면 저것이 일어난다.

역순逆順으로 이 원칙은 다음과 같이 작용합니다.

이것이 없으면 저것이 없고
이것이 그치면 저것이 그친다.[42]

이렇게 하여 우리는 상대성과 상호 의존을 특성으로 하는 연기緣起의 원칙을 갖게 됩니다. 이 원칙은 모든 일에 보편적으로 적용될 성질의 것이지만 부처님께서는 이

42 *Imasmiṁ sati, idaṁ hoti; imass'uppādā idaṁ upapajjati; imasmiṁ asati, idaṁ na hoti; imassa nirodhā imaṁ nirujjhatīti*. 《중부》 79경, 〈소 사꿀루다이경〉 II권 32쪽.

원칙을 삶의 진행 과정을 설명하는 데 적용하셨고 또 어떻게 그 과정이 멈추어질 수 있는지를 보여주는 데만 적용하셨습니다.

각각 선행 요소에 종속하여 일어나는 이들 열두 요소는 다음과 같습니다.

1. 무명無明 *avijjā*-무지
2. 행行 *saṅkhārā*-의도적 행위들[43]
3. 식識 *viññāṇa* 또는 재생식*paṭisandhi-viññāṇa* -재생의식 또는 재연결식
4. 명색名色 *nāma-rūpa*-마음·몸 복합체
5. 육입六入 *saḷāyatana*-여섯 감각 영역 또는 통로

---

43 여기 붙여진 십이연기 각 요소에 대한 해석과 이하 본문에 전개되는 설명은 어디까지나 남방 아비담마의 견해이다. 행을 의도적 행위들이라 단정할 경우 '행은 업이다'는 얘기가 된다. 그러나 경전에서는 행은 업을 포함할 뿐 아니라 무의식적 활동까지(예로 무의식적 호흡) 포함하는 훨씬 광범한 개념이다. 다만 삼세양중인과설三世兩重因果說에 입각하여 십이연기를 이해할 때는 이러한 아비담마적 인식이 필연적이다.

6. 촉觸 *phassa*-접촉

7. 수受 *vedanā*-느낌

8. 애愛 *taṇhā*-갈애

9. 취取 *upādāna*-붙잡음 또는 달라붙음

10. 유有 *bhava*, *kamma-bhava*-형성 과정
 혹은 제 활동 과정

11. 생生 *jāti*-태어남

12. 노·사老死 *jarā-maraṇa*-늙음과 죽음

이들이 바로 인간 존재가 생과 사를 끝없이 반복 순환하면서 삼사라(윤회) 속을 헤매는 긴 여정에서 끊임없이 작용하는 요소들입니다. 이것은 계속해서 이어지는 과정입니다. 처음 두 요소는 전생의 원인적 조건을 언급합니다. 그 다음 다섯 요소는 현생에서의 과보를 가리킵니다. 그 다음 셋은 현생에서의 원인적 조건을, 마지막 둘은 내생에서의 과보를 말합니다.

무명無明은 삶의 과정에서 내내 만나게 되는 모든 슬픔

과 고통, 부조화의 근본 원인이자 계속되는 원인이기 때문에, 부처님은 삶의 과정의 윤곽을 그리면서 무명을 시발점으로 삼으셨던 것입니다. 하지만 무명이 생명의 기원이라거나 이 세상의 최초 기원을 의미하는 것으로 받아들여서는 안 될 것입니다. 부처님은 삶의 과정을 이해하고, 또 그로부터 벗어나는 길을 찾아내는 출발점으로서 무명이 적격이라고 판단하셨던 것입니다. 무명 자체는 행(상카라)에 의해 조건지어지고, 행은 역으로 무명에 의해 조건지어지기 때문에, 또 태어남에는 죽음이 따르고 죽음에는 태어남이 따르기 때문에 이런 과정을 나타내는 데는 직선보다 원이 훨씬 더 적합합니다. 그 과정의 열두 요소는 바퀴 안에 있는 열두 개의 바큇살과 같습니다. 이렇게 각 바큇살을 각각의 요소로 치면 우리는 과정에 대한 고찰을 어느 바큇살에서나 다 시작해볼 수 있으며 결국엔 그 바큇살로 되돌아오게 될 것입니다. 그 과정은 순환적 질서로 작용합니다. 돌고 도는 바퀴와 같습니다.

최초 원인(조물주)에 대한 부처님의 견해

마아룽꺄아뿟따*Māluṅkyāputta*라는 비구가 이 세상은 영원한 것인지 아닌지, 혹은 유한한 것인지 아닌지와 같은 형이상학적 문제를 명백히 해주지 않는다 하여 부처님에 대해 불평을 하고 이러한 문제들이 분명히 밝혀지지 않는 한 더는 승려생활을 영위할 수 없다고 선언한 일이 있었습니다. 이에 부처님께서는 조용히 마아룽꺄아뿟따를 향해, 그의 출가가 부처님께서 이 문제들에 대해 분명히 답해준다는 조건부였던가를 물으셨고 그런 것이 아니었다는 대답을 확인했습니다. 그러자 부처님께서는 이 어리석은 비구를 다음과 같이 훈계하였습니다.

마아룽꺄아뿟따여, 그것은 마치 독을 잔뜩 바른 화살에 맞은 사람이 있어 그 친구와 친척들이 의사를 데려오자 이렇게 말하는 것과 같다. '내가 누구에게서 상처를 입었고 내가 맞은 화살의 성질은 어떤 것인지 등 상세한 것을 알기 전에는 이 화살을 뽑게 하지 않겠다.' 마아룽꺄아뿟따여, 그 사람은 그런 사실을 알아내기 전에 숨지고 말 것이다.

그러고 나서 부처님께서는 자신이 왜 이런 형이상학적인 문제들을 다루지 않는지 설명해 주셨습니다.

마아룽꺄아뿟따여, 나는 이 세상이 영원한 것인지 아닌지, 유한한 것인지 무한한 것이지 밝히려 하지 않았다. 왜냐하면 그런 논의들은 이익됨이 없고 성스러운 삶[梵行]**의 기초와 관계가 없으며, 싫증냄**[厭離 *nibbidā*]**, 냉정**[離欲 *virāga*]**, 멈춤**[滅 *nirodha*]**, 고요**[寂止 *upasāma*]**, 직관적 지혜**[證智 *abhiññā*]**, 깨달음**[等覺 *sambodhi*]**, 열반**涅槃 *nibbāna***에 도움이 되지 않기 때문이다. 그러므로 나는 그것을 밝히려 하지 않았다.**

《중부》 63경 〈소 마아룽꺄아뿟따경〉 I권 426~432쪽

《상응부》의 〈아나마딱가 상응*Anamatagga Saṁyuttaṁ*〉을 보면 부처님은 생명의 최초 기원은 우리의 사유思惟로 알 수 없는 것이라고 하십니다.

비구들이여, 이 윤회의 시작은 인지로 생각할 수 없는 것이다. 무명에 덮이고 욕망에 묶인 존재들이 윤회해 온 최초의 시발점은 알 수 있는 게 아니다.[44]

초기 불교적 관점에 의하면 어떠한 것도 단일 원인으로부터 일어나지는 않습니다. 왜냐하면 모든 사물, 모든 상태가 서로 조건을 이루고 동시에 조건지어짐으로써 상호 의존적이기 때문입니다. 어떤 면에서든, 우주 내의 어떤 일도 홀로 떨어져 다른 일들과 관계가 없이 분리되어 있을 수는 없습니다. 그러므로 하나의 원인이 독자적으로 유효할 수는 없습니다. 항상 상호 관련된, 상호 의존하는 원인들과 조건들에서 오는 복잡성이 존재하게 마련이므로, 하나의 원인은 동떨어지고 분리된 단일 원인으로부터가 아니라 여러 원인과 조건들로부터 일어나는 게 틀림없습니다. 따라서 그 스스로가 근원이 되는 최초 원인(조물주)은 생각할 수 없습니다. 그것은 개념일 수는 있습니다. 그것을 맹신에 의해 받아들일 수는 있겠지만 이성과 경험을 통해서는 결코 인식될 수 없습니다.

---

44 원문은 "*Anamataggāyam bhikkhave saṃsāro pubbākoṭi na paññāyati avijjānīvaraṇānaṃ sattānaṃ taṇhāsaṃyojanānaṃ sandhāvataṃ saṃsarataṃ.*"으로 《상응부》 〈무시無始상응〉 II, 179쪽, 186쪽 등 참조.

최초 원인에 대한 위대한 사상가들의 견해

저명한 철학가 조우드는 《삶의 의미*The Meaning of Life*》에서 이렇게 말했습니다. "소위 우주라고 하는 것은, 오로지 근본 원칙 그 하나만으로는 해석이 되지 않고 그렇게 될 수도 없다. 다원성과 다양성이라는 현상을 설명하려면 최소한 두 원칙이 요구된다."

또 한 사람 유명한 사색가 올더스 헉슬리[45]는 《목적과 수단*Ends and Means*》에서 말했습니다.

최소한 서구에서는 이제 현상들을 최초 원인에 소급 귀착시키는 짓들은 하지 않는다. (…) 우리가 세상의 모든 악이 생기게 된 최초 원인을 찾겠다는 야망을 버리고 그 대신 동시적으로 작용하는 많은 원인들의 존재를, 얽히고설킨 상관 관계와 되풀이되는 작용과 반작용의 존재를 인정하지 않는 한 결코

45 올더스 헉슬리Aldous Huxley: 1894~1963. 영국의 소설가, 수필가, 평론가. 제2차 세계대전 전부터 외국에 거주. 무집착주의에 의한 평화 달성을 제창. 날카로운 문명 비평소설 《원숭이와 본질》(1945), 《용감한 신세계》(1932) 등이 있다.

이 철기시대를 황금의 시대로 바꾸지 못할 것이다.

또 유명한 철학자 버트란드 러셀은《나는 왜 기독교 신자가 아닌가?*Why I am not a Christian*》에서 말했습니다.

도대체 세계의 시초가 있었다고 가정할 만한 이유가 아무것도 없다. 모든 사물에 시작이 있어야 한다는 생각은 상상력의 빈곤에서 오는 것이다.

문명의 아주 이른 새벽부터 사색하는 사람들은 모든 사물의 시초를 찾아내려고 끊임없이 노력해 왔으나 성공하지 못했습니다. 설사 최초 원인에 대해 어떤 가설이 나온다 해도 곧 '그 원인의 원인은 무엇인가?'라는 질문이 제기될 것입니다.

질문 9

사후의 생명에 대한 믿음은 불교도에게만 국한된 것입니까? 그러한 믿음은 불교가 출현하기 이전에도 있었습니까?

대답

사후의 생명을 믿는 사람은 결코 불교도들만이 아닙니다. 이 믿음은 먼 옛날부터 있던 것 중의 하나이며, 불교가 출현하기 훨씬 이전에 이집트인에게도 존재하였고 나중에 그리스인, 로마인 그리고 인도 브라만들 중에도 존재하였습니다. 그러나 이 문제에 관한 비불교도의 믿음과 불교도의 믿음 사이에는 중요한 차이점이 있습니다. 비불교도들의 믿음은 사람 안에 한 생으로부터 다른 생으로 옮겨가거나 전이될 수 있는 영혼이 존재한다는 가정에 기반을 두고 있으며, 이와 관련하여 사용하는 단어는 재생rebirth이 아니고 재육화reincarnation입니다. 불교적 원리에 의하면 한 생으로부터 다른 생으로 옮겨가는 것이 아무것도 없으며, 영혼과 같이 변함없고 안정적이며 정태적인 어떤 것이 존재하지 않는다고 믿습니다. 따라서 재생을 표시하는 빠알리어는 '뿌납바와*punabbhava*', 글자 그대로 '다시 있는 존재'입니다. 만일 영혼의 존재가 용인된다면 재생을 이해하기 어렵지 않습니다만, 불교는 영혼을 시인하지 않고 한 생으로부터 다른 것으로 옮겨가는 것이 결코 있을 수 없다고 보기 때문에 불교의 재생 이론은 이해하기 어렵습니다. 여러 다양한 종교 체계와 신조의 신봉자들이 사후의 생에 관한 믿음을 공유했었습니다. 고대 이집트인들은 그것을 믿었습니다. 그들이 죽은 시체를 미라로 만들고 그것에 죽은 사람이 생시에 좋아하던 음식과 옷을 놓은 이유는 그의 '카ka', 즉 영혼이 다른 육체를 취하지 못하도록 하기 위해서였다는 것입니다. 그 이유는 분명히 터무니없지만, 그러한 관습은 사후의 생명에 대한 믿음이 보편적이었음을 나타냅니다. 서기전 6세기에 이르러 이 믿음은 그리스의 페레시데스, 엠페도클레스 그리고 피타고라스의 글 속에 나타납니다. 나중에 플라톤은 그의 《공화국*De Republica*》에서 같은 견해를 피력했습니다. 로마의 시인 오비드는 그의 《변신*Metamorphoses*》에서 재육화에 관해 이야기하고 있고 카이사르[46]는 《갈리아 전기*De Bello Gallico*》 6권에서 그가 정복했던 갈리아(옛 프랑스)의

46 카이사르Gaius Julius Caesar: 서기전 100~44. 로마 공화정 말기의 장군·정치가. 저서로는 《갈리아 전기》와 《내란기》가 있음.

관습과 예절을 설명하면서 갈리아인들 사이에 이런 재육화의 믿음이 널리 퍼져 있다고 쓰고 있습니다.[47]

불교가 나타나기 이전 인도의 종교는 브라만교였는데 뒤에 우파니샤드의 단계에 와서 역시 존재의 재육화에 대해 가르쳤습니다.

초기 기독교에서는 예수 그리스도가 직접 가르친 것을 부인한 일도 없었지만 재육화 사상이 존재했던 것 같습니다. 《구약성서》 여기저기에 재육화 사상이 희미하게 언급된 곳(예를 들면 〈시편〉 126)이 나오는가 하면, 《신약성서》(《마가복음》 7장과 〈마태복음〉 17장)에는 세례 요한이 엘리야의 재육화라는 언급이 있습니다. 예수 그리스도 시대에 재육화에 대한 믿음이 널리 퍼져 있었다는 것은 〈요한복음〉 9장에서 예수 그리스도에게 했던 질문들 가운데 발견되고 또한 예수 그리스도가 사도들에게 던진 질문에 대해

47 보리수잎·마흔하나 《동·서양의 윤회관》, 〈고요한소리〉 참조.

그들이 한 대답(〈마태복음〉 16장과 〈누가복음〉 9장)에서도 눈에 뜨입니다.

성 아우구스티누스는 그의 《고백록*Confessions*》에서 재육화의 교리를 강력하게 지지하고 있습니다. 그의 제자 오리겐도 《원칙*De Principiis*》과 《콘트라쎌서스*Contra Celsus*》에서 같은 입장을 취하고 있습니다. 오리겐은 어딜 가나 이 교리를 가르쳤습니다. 초기 기독교회는 이 교리를 받아들였지만, 후기의 교부들은 강력히 반대하여 서기 533년에 특별히 소집된 콘스탄티노플 공의회에서 이 교리는 기독교 신앙에 들어가지 않는 것으로 공식 기각되었습니다.(《바이드 가톨릭 백과사전*Vide Catholic Encyclopedia*》 1909년판 236~237쪽)

이 결정의 결과 기독교 안에서 재육화 신앙은 사라졌지만, 19세기경부터 그 믿음이 다시 꾸준히 힘을 얻기 시작하였습니다. W. W. 앳킨슨을 비롯한 여러 사람들이 재육화에 대해 글을 쓰기 시작하였습니다. 워즈워드, 테니슨,

롱펠로우 그리고 메이스필드 같은 유명한 시인이 이 믿음을 표현했습니다. 20세기에 들어와서는 영국의 유명한 목사 레슬리 웨더헤드가 이에 대해 강의를 하였는데 그것은 《재육화의 사례》라는 제목의 책으로 출판되었습니다.

질문 10

재생의 조사 연구 결과에 관한 것인데, 지금까지 믿음에 의해 받아들여진 사실들이 의심의 여지없이 확실히 밝혀졌다는 지적知的 만족감 외에, 재생 문제에 관심이 없는 사람들에게 무슨 이익을 준단 말입니까?

대답

그것은 이 문제를 너무 좁게 본 데서 나온 말입니다. 재생의 진리는 모두에게 대단히 중요합니다. 자신이 어디서 와서 어디로 가는지 알고 싶은 열망이 없는 사람은 거의 없습니다. 이 열망은 분명 교육받은 사람들에게서 더 뚜렷하지만, 배우지 못한 계층에 있어서도 최소한 가끔 그리고 희미하게나마, 특히 소중하고 가까운 가족의 갑작스러운 죽음을 당할 때, 이 같은 열망을 느끼게 됩니다. 그것은 지적인 추구가 아닙니다. 그것은 자연적인 충동입니다. 삶과 죽음의 신비를 설명할 수 있는 무언가를 찾아보라는 가슴으로부터 올라오는 자연스런 요구입니다. 삶이 이생에서 처음으로 시작된 것이 아니고, 슬픔과 기쁨, 걱정과 희망, 상실과 이득으로 가득 찬 지금의 생은 작용과 반작용의 위대한 원칙에 따라 논리 정연하게 전개되는 재생의 결과임을 충분히 알게 될 때 인생은 더 이상 불가사의도 수수께끼도 아닙니다. 그렇게 되면 삶이 어떤 의미와 목적을 가진 것으로 보입니다. 삶은 지금까지 생각하지 못했던 의미심장한 중요성을 띠게 됩니다. 인생은 이제 사건과 상황들의 지루한 반복처럼 보이지 않습니다. 새로운 희망이 느껴집니다. 새로운 시야가 활짝 열립니다. 자기 운명의 배를 조정하는 것이 자신이고, 자신의 미래생을 짓는 자는 바로 자신이라는 깨달음에 눈뜨기 시작할 때, 인생을 보는 견해는 완전히 새로 자리 잡습니다. 자신의 모든 생각, 말, 행위가 스스로의 미래를 건설한다는 것을 명확하게 깨달을 때, 우리는 자신이 하는 생각과 말과 행위

면에서 점점 더 조심하여 선택하게 됩니다. 자신이 훌륭한 삶을 살았다면 죽음이 두렵지 않을 것입니다. 우리는 유쾌하고 자신 있게 다음 생에서의 행복한 경험을 기대할 수 있습니다. 설혹 우리가 좋지 않은 인생을 살아왔다 하더라도 업이란 아주 완결된 사항이 아니고 끊임없이 만들어져 가는 것이기에 현재의 좋은 행위로 나쁜 행위의 과보가 수정되고 변경될 수 있다는 사실에 우리는 역시 위안을 받을 수 있습니다. 어떤 경우든 누구나 삶을 다시 세울 수 있는 기회가 있다는 것과, 참된 마음으로 시작한 그러한 일은 설혹 죽음이 끼어들어 미완으로 남게 되는 경우에도 내생에 다시 착수할 기회가 있다고 생각하면 정말 행복해지지 않겠습니까.

재생에 대한 이해는 우리 자신의 삶을 정화시켜 주는 효과를 가져올 뿐 아니라 모든 생명체를 대하는 우리의 자세까지도 예외 없이 순화시켜 줍니다. 왜냐하면 모든 존재가 삶이라는 위대한 여행의 도반道伴임을, 우리들이 따르고 있는 보편적 법칙과 기본적 원칙을 똑같이 따르고 있는 동반자, 같은 배를 타고 여행하는 동승객들이라는 것을 깨닫게 되기 때문입니다. 이를 이해하는 사람은 도움을 필요로 하는 사람이면 누구에게든 항상 도움의 손길을 기꺼이 내밀 준비가 되어 있을 것입니다. 그러한 사람은 언제나 적대자를 용서할 것입니다. 죄는 미워해도 죄인은 용서할 것입니다. 그는 모든 존재가 행복하게 되기를 항상 기원할 것입니다.

모든 존재가 행복하기를!

옮긴이의 말

이 책은 윤회 재생이 하나의 자연법칙임을 누구나 알 수 있는 평이한 논리로 설명하고 있다. 윤회의 사실은 불교에서 중요한 위치를 차지한다. 2500여 년 전 석가모니 부처님께서 6년의 고행 끝에 큰 깨달음을 이루시던 날, 초저녁에 첫 번째로 성취하신 것이 전생 회상의 능력이었다. 이때 수없이 많은 곳에서 살아오신 수많은 전생이 명료하게 회상되었다. 다음으로 인간의 눈으로는 볼 수 없는 영적 세계에 대한 눈이 열리며 뭇사람들이 어떻게 다시 태어나는가를 보시게 되었다. 그리하여 모든 생명들이 어김없이 자신의 행위에 따른 삶을 받아가지는 인과응보의 이치를 깨달으셨다. 세 번째 중요한 사건은 업에 의해 끊임없이 이어지는 삶의 쳇바퀴가 지혜에 의해 끊어질 수 있다는 것을 깨달으신 것이니, 바로 무명에서 빚어진 환상으로부터 완전히 해탈하신 것이다. 이로써 부처님께서는 정각을 이루시어 하늘과 인간 세계의 영원한 스승이 되셨다. 부처님이 정각에 이르는 과정에서도 보이듯이 전생에 대한 밝은 지혜의 획득은 깨달음에 있어 중요한 단계를 이룬다.

요즘 서점에는 환생에 대한 책들이 눈에 많이 뜨인다. 이들 책들은 불교적 지식 없이 쓰여진 듯한 데도, 불교의 윤회설과 공통적인 이야기를 하는 경우가 많다. 특히 인간은 결코 죽음에 의해 소멸되는 존재가 아니고 단지 변화의 여러 국면을 지나고 있는 것뿐이라는 주장에서 그러하다. 영가가 사후에도 존재한다는 것은 내 눈으로도 확인한 적이 있다. 1982년 미국에서 〈That's incredible〉이라는 프로가 매주 방영된 적이 있었다. 이때 한 프로에서 보통사람의 눈에는 보이지 않으나 영매의 눈에만 보이는 영가를 카메라로 잡았다. 그 후 나는 영가가 사후에 존재한다는 것을 확신하게 되었다. 브라이언 와이스 박사나 기타 여러 정신과 의사들의 최근 연구 결과는 윤회 재생이 과학적인 사실임을 밝히고 있다. 이 책에 손을 대게 된 동기는 한국에는 잘 소개되지 않은 근본불교의 이론 체계

(아비담마)에서는 윤회 재생의 과정을 어떻게 보는가가 궁금하였기 때문이다.

그렇다면, 윤회 재생은 무슨 메시지를 우리에게 전해주고 있는가? 우리가 재생한다는 사실이 전해주는 메시지는 우리에게 순간순간 삶을 선택할 권리가 주어졌다는 것이며, 삶은 신중하게 선택되어야 하는 것이라고 나는 본다. 즉 윤회 재생은 인간의 영적 진화를 위하여 마련된 자연법칙의 일환으로서, 우리가 무지하여 잘못된 삶을 선택할 시에는 고된 삶이 기다리고 있다는 것을 의미한다. 세상엔 탐욕스럽고 야심에 찬 사람들로 득실거리고, 또 한쪽에는 가난하고 병들고 고통 받는 사람들로 넘치고 있다. 재생의 사실은 일견 모순에 가득 찬 이 세계에 엄연한 법칙이 있음을 말하고, 우리의 삶이 아주 조심성 있게 선善을 향하여 선택되어야 하는 이유를 밝혀준다. 일생동안 우리는 많은 것을 배울 수 있으며 많은 좋은 일을 할 수 있다. 그러나 실제로는 얼마나 많은 삶과 시간이 헛되이 소모되고 있는가? 부처님께서는 인간이 계속 재생하여 고통 속에서 벗어나지 못하는 이유는 탐·진·치 미망의 그물을 벗어나지 못하기 때문이라고 일깨워 주셨다(보리수잎·셋 《세상에 무거운 짐, 삼독심》에 현대적 삼독심의 해악이 쉽게 잘 설명되어 있다). 다음 생에 어떤 삶이 주어질는지가 현재의 업 지음에 달려 있다는 것이 가슴에 와 닿는다면, 과연 잘못된 자아의 허상에 속아 헛된 삶이나 스스로를 괴롭히게 될 삶을 무모하게 살아갈 수 있을까?

지난 몇 해 동안 내 가까운 주위에서도 몇 사람이 세상을 떠났다. 나는 이제 그들이 세상을 떠난 것이 단지 하나의 변화 과정에 불과하다는 것을 안다. 다시 그들이 세상에 돌아온다면, 과연 어떤 모습으로 올는지…….

저자 소개

구나라뜨나 Victor Floris Gunaratna(1905~1977)

스리랑카 태생의 법률가로 변호사와 판사직을 거치고 유산관리국의 공인 관리위원(Public Trustee, 사원 재산을 관리하거나 정부 관료로서 수탁된 유산, 불교 보시금 등을 관리하는 공무원. 스리랑카에서 아주 영예로운 직위임)을 지냄. 술, 담배를 삼가는 것은 물론 철저히 채식을 하면서 강연과 저술 활동 등 불법 전파에 전념하였다.

《*The Satipaṭṭhāna Sutta and Its Application to Modern Life*》(WH No.60), 《*Buddist reflections on death*》(WH No.102/103), 《*The Significance of the Four Noble Truths*》(WH No.123), 《*Buddhist Broadcast Talks*》(WH No.197/198), 《*The Message of the Saints*》(WH No.135) 등의 저서가 있다.

〈고요한소리〉는

◦ 붓다의 불교, 붓다 당신의 불교를 발굴, 궁구, 실천, 선양하는 것을 목적으로 설립되었습니다.

◦ 〈고요한소리〉 회주 활성스님의 법문을 '소리' 문고로 엮어 발행하고 있습니다.

◦ 1987년 창립 이래 스리랑카의 불자출판협회BPS에서 간행한 훌륭한 불서 및 논문들을 국내에 번역 소개하고 있습니다.

◦ 이 작은 책자는 근본불교를 중심으로 불교철학·심리학·수행법 등 실생활과 연관된 다양한 분야의 문제를 다루는 연간물連刊物입니다. 이 책들은 실천불교의 진수로서, 불법을 가깝게 하려는 분이나 좀 더 깊이 수행해보고자 하는 분에게 많은 도움이 될 것입니다.

◦ 이 책의 출판 비용은 뜻을 같이하는 회원들이 보내주시는 회비로 충당되며, 판매 비용은 전액 빠알리 경전의 역경과 그 준비 사업을 위한 기금으로 적립됩니다. 출판 비용과 기금 조성에 도움 주신 회원님들께 감사드리며 〈고요한소리〉 모임에 새로이 동참하실 회원을 기다리고 있습니다.

◦ 〈고요한소리〉 책은 고요한소리 유튜브(https://www.youtube.com/c/고요한소리)와 리디북스RIDIBOOKS를 통해 들으실 수 있습니다.

◦ 카카오톡 채널(https://pf.kakao.com/_XIvCK)을 친구 등록 하시면 고요한편지 등 〈고요한소리〉의 다양한 소식을 받으실 수 있습니다.

◦ 〈고요한소리〉 홈페이지 안내
  - 한글 : http://www.calmvoice.org/
  - 영문 : http://www.calmvoice.org/eng/

◦ 〈고요한소리〉 회원으로 가입하시려면 이름, 전화번호, 우편물 받을 주소, e-mail 주소를 〈고요한소리〉 서울 사무실에 알려주십시오.
(전화: 02-739-6328, 02-725-3408)

◦ 회원에게는 〈고요한소리〉에서 출간하는 도서를 보내드리고, 법회나 모임·행사 등 활동 소식을 전해드립니다.

◦ 회비, 후원금, 책값 등을 보내실 계좌는 아래와 같습니다.

국민은행	006-01-0689-346
우리은행	004-007718-01-001
농협	032-01-175056
우체국	010579-01-002831
예금주	**(사)고요한소리**

마음을 맑게 하는 〈고요한소리〉 도서

금구의 말씀 시리즈

하나	염신경念身經
둘	초전법륜경初轉法輪經
	초전법륜경初轉法輪經 (확대본)
	초전법륜경初轉法輪經 (독송본)

소리 시리즈

하나	지식과 지혜
둘	소리 빗질, 마음 빗질
셋	불교의 시작과 끝, 사성제 - 四聖諦의 짜임새
넷	지금·여기 챙기기
다섯	연기법으로 짓는 복 농사
여섯	참선과 중도
일곱	참선과 팔정도
여덟	중도, 이 시대의 길
아홉	오계와 팔정도
열	과학과 불법의 융합
열하나	부처님 생애 이야기
열둘	진·선·미와 탐·진·치
열셋	우리 시대의 삼보三寶
열넷	시간관과 현대의 고苦 - 시간관이 다르면 고苦의 질도 다르다
열다섯	담마와 아비담마 - 종교 얘기를 곁들여서
열여섯	인도 여행으로 본 계·정·혜

열일곱	일상생활과 불교공부
열여덟	의意를 가진 존재, 사람 - 불교의 인간관
열아홉	바른 견해란 무엇인가 - 정견正見
스물	활성 스님, 이 시대 불교를 말하다
스물하나	빠알리 경, 우리의 의지처
스물둘	윤회고輪廻苦를 벗는 길 - 어느 49재 법문
스물셋	윤리와 도덕 / 코로나 사태를 어떻게 볼 것인가
스물넷	산냐[想]에서 빤냐般若로 - 범부의 세계에서 지혜의 세계로
스물다섯	상카아라行와 담마法 - 부처님 가르침의 두 축
스물여섯	팔정도八正道 다시 보기
스물일곱	부처님의 언설과 어법

법륜 시리즈

하나	부처님, 그분 - 생애와 가르침
둘	구도의 마음, 자유 - 까알라아마경
셋	다르마빨라 - 불교중흥의 기수
넷	존재의 세 가지 속성 - 삼법인(무상·고·무아)
다섯	한 발은 풍진 속에 둔 채 - 현대인을 위한 불교의 가르침
여섯	옛 이야기 - 빠알리 주석서에서 모음
일곱	마음, 과연 무엇인가 - 불교의 심리학적 측면
여덟	자비관
아홉	다섯 가지 장애와 그 극복 방법
열	보시
열하나	죽음은 두려운 것인가

열둘	염수경 - 상응부 느낌편
열셋	우리는 어떤 과정을 통하여 다시 태어나는가 - 재생에 대한 아비담마적 해석
열넷	사아리뿟따 이야기
열다섯	불교의 초석, 사성제
열여섯	칠각지
열일곱	불교 - 과학시대의 종교
열여덟	팔정도
열아홉	마아라의 편지
스물	생태위기 - 그 해법에 대한 불교적 모색
스물하나	미래를 직시하며
스물둘	연기緣起
스물셋	불교와 기독교 - 긍정적 접근
스물넷	마음챙김의 힘
스물다섯	업-재생-윤회의 가르침

보리수잎 시리즈

하나	영원한 올챙이
둘	마음 길들이기
셋	세상에 무거운 짐, 삼독심
넷	새 시대인가, 말세인가 / 인과와 도덕적 책임
다섯	거룩한 마음가짐 - 사무량심
여섯	불교의 명상
일곱	미래의 종교, 불교
여덟	불교 이해의 정正과 사邪
아홉	관법 수행의 첫 걸음

열	업에서 헤어나는 길
열하나	띳사 스님과의 대화
열둘	어린이들에게 불교를 어떻게 가르칠 것인가 (절판)
열셋	불교와 과학 / 불교의 매력
열넷	물소를 닮는 마음
열다섯	참 고향은 어디인가
열여섯	무아의 명상
열일곱	수행자의 길
열여덟	현대인과 불교명상
열아홉	자유의 맛
스물	삶을 대하는 태도들
스물하나	업과 윤회
스물둘	성지 순례의 길에서
스물셋	두려움과 슬픔을 느낄 때
스물넷	정근精勤
스물다섯	큰 합리주의
스물여섯	오계와 현대사회
스물일곱	경전에 나오는 비유담 몇 토막
스물여덟	불교 이해의 첫 걸음 / 불교와 대중
스물아홉	이 시대의 중도
서른	고苦에 어떻게 대응할 것인가
서른하나	빈 강변에서 홀로 부처를 만나다
서른둘	병상의 당신에게 감로수를 드립니다
서른셋	해탈의 이정표
서른넷	명상의 열매 / 마음챙김과 알아차림
서른다섯	불자의 참모습
서른여섯	사후세계의 갈림길

서른일곱	왜 불교인가
서른여덟	참된 길동무
서른아홉	스스로 만든 감옥
마흔	행선의 효험
마흔하나	동서양의 윤회관
마흔둘	부처님이 세운 법의 도시 - 밀린다왕문경 제5장
마흔셋	슬픔의 뒤안길에서 만나는 기쁨
마흔넷	출가의 길
마흔다섯	불교와 합리주의
마흔여섯	학문의 세계와 윤회
마흔일곱	부처님의 실용적 가르침
마흔여덟	법의 도전 / 재가불자를 위한 이정표
마흔아홉	원숭이 덫 이야기
쉰	불제자의 칠보七寶

붓다의 고귀한 길 따라 시리즈

하나	불법의 대들보, 마음챙김*sati*

단행본

하나	붓다의 말씀
둘	붓다의 일생

This translation was possible
by the courtesy of the Buddhist Publication Society
54, Sangharaja Mawatha P.O. BOX61
Kandy, SriLanka

법륜·열셋

우리는 어떤 과정을 통하여 다시 태어나는가
- 재생에 대한 아비담마적 해석

초판 1쇄 발행 1988년 5월 30일
2판 7쇄 발행 2024년 7월 10일

지은이 구나라뜨나
옮긴이 유창모
펴낸이 하주락·변영섭
펴낸곳 (사)고요한소리
제작 도서출판 씨아이알 02-2275-8603

등록번호 제1-879호 1989. 2. 18.
주소 서울시 종로구 인사동길 47-5 (우 03145)
연락처 전화 02-739-6328 팩스 02-723-9804
부산지부 051-513-6650 대구지부 053-755-6035
대전지부 042-488-1689 광주지부 02-725-3408
홈페이지 www.calmvoice.org
이메일 calmvs@hanmail.net
ISBN 978-89-85186-54-4

값 1,000원